Anton Davydov

Mundharmonika-Unterricht vom Anfänger bis zum Experten

Ursprüngliche Methode zum Erlernen des Mundharmonika-Spiels und der Improvisation

Alle Rechte vorbehalten - copyright.gov

© 2024 Autor Anton Davydov

© 2024 Die Mundharmonika auf dem Cover - IvanSpasic / istockphoto

Wenn dir Fehler oder Ungenauigkeiten auffallen oder du Verbesserungsvorschläge mitteilen möchtest, werden diese hier dankend entgegengenommen: albinaopen@gmail.com

INHALT

Einleitung 5

TEIL I

Erste Position – Tonika-Dur 9

    1. Tonerzeugung. Halten Sie das Instrument und spielen Sie einzelne Töne. Dur-Tonleiter 9

    2. Zwei-oktavige Tonleiter. Lernen, richtig zu atmen. Erste Melodie: „Twinkle, Twinkle Little Star" 13

    3. „Oh When The Saints Go Marchin' In". „Bruder Jakob". Staccato, Legato, Slide. Improvisationstipps. Erste Improvisation 16

    4. Zwei Melodien im 3/4-Takt: „Oh du lieber Augustin", „Happy Birthday to You". Spieltechniken: Triller, „Wap-Wap"-Effekt 20

    5. Transponieren in die obere Oktave. Drei Arten von Vibrato. Die erste Art von Vibrato und ihre Anwendung in der Improvisation 23

    6. Melodien transponieren (Fortsetzung). Atemvibrato. Vibrato-Tempo ... 26

TEIL II

Dritte Kreuzstellung (Dorisches-Moll) 28

    7. Drei Positionen auf der Mundharmonika. Das dorische Moll. Die Melodie „Drunken Sailor". Improvisation in Moll 28

    8. Die „Bending!" Technik. Wo und wie das Bending entsteht. Bending anwenden. Die richtige Begleitung finden 31

9. Zusammenfassung dessen, was wir bisher gelernt haben. Dur-Tonleiter in der unteren Oktave. „Looper"-Technik. Modulation 33

TEIL III

Zweite Kreuzstellung. „Blues-Position" 36

10. Die Blues-Tonleiter. Blues-Licks. Spieltechnik: Die dritte Art von Vibrato – Kehlkopfvibrato 36

11. Blues-Tonleiter in 2 Oktaven. Spieltechnik: Overbend. Licks und Improvisation 40

12. Dur-Pentatonik. Eine pentatonische Tonleiter über zwei Oktaven. „Amazing grace." Phrasen über zwei Tonleitern 43

13. Rhythmische Riffs. Turnarounds 45

14. Spieltechnik: Zungenschlag. Spielen von Oktaven und anderen Intervallen 48

15. „Böse" Sounds und andere Blues-Tricks 51

16. A-cappella-Spiel. Blues-Looper. Einige weitere Details zur Tonartenauswahl und Mundharmonikaposition 53

17. Schnelles Spiel im Country- und Bluegrass-Stil. Microslides; Rolls ... 56

18. Verstärker und Tonabnahme. Arten von Mikrofonen, Verstärkern, Einstellungen und andere Nuancen 59

Fazit 61

Alle Audios + Videos 64

Einleitung

Hallo zusammen! Es klingt vielleicht etwas kitschig, aber Sie halten ein einzigartiges Buch in Ihren Händen! Ja, es ist einzigartig! Das Besondere an dieser Methode ist, dass Sie mit der hier gezeigten Lehrmethode nicht nur lernen, die richtigen Noten zu treffen und Melodien zu spielen (das können Sie auch in vielen anderen Büchern lernen), sondern auch, wie man improvisiert. Ja, Sie haben richtig gehört – improvisieren! Und damit beginnen wir bereits in den ersten Lektionen. Halten Sie das für unmöglich? Ich bin mir sicher, dass viele von Ihnen bereits versucht haben, das Spielen der Mundharmonika zu erlernen, indem Sie sich Video-Tutorials im Internet oder andere Tutorials angesehen haben. Vielleicht sind Sie sogar ziemlich gut darin, einige Melodien zu spielen, aber... es war möglicherweise nicht das, was Sie sich vorgestellt hatten – das, was Sie wirklich erreichen wollten. Sie wollen einfach ein Instrument in die Hand nehmen und Ihre eigene Melodie spielen. Nicht die eines anderen, sondern eine eigene Melodie, anders, voller Traurigkeit oder voller Freude. Aber Sie konnten bisher kein Buch finden, das Ihnen beibringen konnte, wie das geht. Herzlichen Glückwunsch! Wenn Sie dies lesen, dann haben Sie genau das gefunden, wonach Sie gesucht haben.

Oder ist dies vielleicht Ihr erstes Selbstlernbuch? Dann haben Sie Glück! Lassen Sie uns auf keinen Fall Zeit verschwenden und lassen Sie uns in eine der wunderbarsten Welten eintauchen – die Welt der Musik.

Übrigens, sollten wir uns gegenseitig kennenlernen! Folgen Sie dem Link (Video 1).

Video 1*

*Siehe Seite 64 für alle Videos und Audiodateien.

Damit wir erfolgreich und effektiv in die Musik eintauchen können, müssen wir die Prinzipien unseres Lernens besprechen und verstehen: die Struktur und den Ansatz zur Beherrschung dieses wunderbaren Musikinstruments – der Mundharmonika.

Man sagt, dass Musik eine Sprache ist, die von allen Menschen auf allen Kontinenten verstanden wird. Ich kann dem nur zustimmen. Im Wesentlichen lernen wir das Spielen eines Musikinstruments auf die gleiche Weise, wie wir gelernt haben, unsere Muttersprache zu sprechen. Es sind nur 5 Grundprinzipien zu befolgen:

1. Mehr zuhören statt spielen.

Das bedeutet nicht, dass Sie weniger spielen sollten! Es bedeutet, dass Sie dem Zuhören mehr Aufmerksamkeit schenken sollten. Falls Sie das nicht ohnehin schon getan haben, sollten Sie sich mit Mundharmonikamusik umgeben. Lassen Sie Musik aus jedem Gerät erklingen, das Sie besitzen. Auf jedem Musikplayer, im Radio, im Auto, bei der Arbeit (wenn möglich), sogar auf einer Schallplatte. Was und wem Sie zuhören, ist Geschmackssache. Wenn Sie meine Meinung interessiert, kann ich Ihnen ein paar Namen herausragender Mundharmonikaspieler nennen, die mir vor einiger Zeit sehr geholfen haben (Seite #8). Wie bei allem ist es wichtig, es nicht so zu übertreiben, dass einem die Musik aus den Ohren herauskommt. Erfüllen Sie einfach Ihre Umgebung mit den Klängen der Mundharmonika. Und natürlich sollten Sie Live-Konzerte besuchen! Nichts motiviert Sie mehr, ein Musikinstrument zu erlernen, als einen Live-Auftritt von jemandem zu hören, der es beherrscht.

2. Spielen Sie mehr auswendig als mit Tabulatur.

Aufgrund der Bauart der Mundharmonika ist es nahezu unmöglich, Noten für dieses Instrument zu verwenden. Daher könnte man sagen, dass die Noten noch keine Zeit hatten, die Mundharmonika zu „verderben". Dennoch gibt es Tabulaturen (wir werden darüber in der ersten Lektion sprechen). Es ist sehr wichtig, dass man sich, nachdem man mit dem Erlernen einer Melodie oder eines Liedes mit Hilfe der Tabulatur (oder kurz Tab) begonnen hat, so schnell wie möglich vom Notenblatt „löst" und mit dem Auswendigspielen beginnt. Erst eine auswendig gespielte Melodie erwacht zum Leben und beginnt, die ganze Bandbreite ihrer Emotionen zu vermitteln. Am wichtigsten ist, dass Sie niemals – wirklich, NIEMALS – eine Melodie vor Publikum mit Hilfe von Noten spielen! Das ist einfach falsch.

3. Spielen Sie nach Gehör, anstatt das, was Sie von der Tabulatur gelernt haben.

Es ist einfach und unkompliziert: Wenn Sie eine Phrase hören (normalerweise „Lick" genannt) oder sich an eine Melodie erinnern, dann probieren Sie, sie auf der Mundharmonika zu spielen. Versuchen Sie, sie sofort nachzuspielen, ohne nach Tabulaturen zu suchen (die für diese bestimmte Melodie möglicherweise ohnehin nicht vorhanden sind). Dies ist die älteste, einfachste und schnellste Methode, musikalisches Wissen vom Lehrer auf den Schüler zu übertragen, die niemals veralten sein wird. Haben wir nicht schon als Kinder so das Sprechen gelernt? Wir wiederholten einfach Wörter und Sätze, die wir von den Menschen um uns herum hörten.

Natürlich können Sie die Musik nicht sofort nach Gehör erlernen. Es wird einige Zeit in Anspruch nehmen. Aber selbst eine einfache Phrase, die auf diese Weise erlernt wird, kommt Ihnen nicht mehr fremd vor, sondern wird zu „Ihrer eigenen". Ihr „musikalischer Wortschatz" wird sich sehr schnell erweitern. Nachdem Sie gelernt haben, Musik aus Audio- und Videoquellen nach Gehör zu erlernen, haben Sie Zugriff auf absolut alle Melodien, die Sie hören. Lediglich die Möglichkeiten des Instruments werden Ihnen Grenzen setzen.

4. Improvisieren Sie mehr anstatt vorgefertigte Melodien zu spielen.

Dies ist wahrscheinlich die grundlegendste Regel. Für Kinder im Vorschulalter ist das einfach, für Erwachsene jedoch schwierig. Dies geschieht normalerweise, weil vielen Erwachsenen in ihrer Schulzeit Horrorgeschichten darüber erzählt wurden, dass Improvisation sehr schwierig und fast unmöglich sei. Das stimmt aber nicht! Glauben Sie mir, jeder kann improvisieren! Wir beginnen ganz von vorne – und Sie werden überrascht sein, wie einfach es ist!

5. Spielen Sie aus Spaß.

Ich denke, das hätte die erste Regel sein sollen ... Vergessen Sie nie, warum Sie überhaupt angefangen haben, Mundharmonika zu lernen – nämlich um Spaß zu haben! Denken Sie immer daran, auch wenn etwas nicht so läuft, wie Sie es erwartet haben. Nicht alles klappt so, wie wir es gerne hätten, aber es gibt Dinge, die wir bereits können und die wir gelernt haben und die uns einen Grund geben, um glücklich zu sein.

Quälen Sie sich nicht mit stundenlangem Üben, wenn Sie das Gefühl haben, dass es schwieriger ist, als Sie erwartet haben. Es ist viel besser, das Instrument regelmäßig 10 bis 15 Minuten zu spielen, als einmal pro Woche anderthalb Stunden lang zu üben und sich selbst (und Ihren Nachbarn!) Schmerzen zu bereiten. Tragen Sie das Instrument in Ihrer Tasche, Ihrem Rucksack oder Ihrer Hosentasche bei sich und spielen Sie, wann immer Sie können und (am wichtigsten) wann immer Sie Lust dazu haben.

Eine letzte Regel für dieses Selbstlernbuch : Im Buch finden Sie Links zu Audio- und Videomaterialien. Überspringen Sie sie nicht. Hören und schauen Sie sich alle Audio- und Videodateien an. Ohne Audios und Videos wird der Unterricht nicht viel nützen.

Ich glaube, jetzt haben wir genug geredet ☺

Weiter geht`s. Nehmen Sie die Mundharmonika aus der Schachtel. (Oh, Sie haben sie also schon herausgenommen? Verstanden.)

Ist sie auf C gestimmt? Befindet sich auf dem Gerät und auf der Verpackung ein C? Bestens! Das ist genau das, was wir brauchen. Was das bedeutet, erkläre ich etwas später.

Kommen wir nun zur ersten Lektion!

TEIL I

♪ ERSTE POSITION – TONIKA-DUR ♪

Lektion 1

Wie immer beginnen die ersten Lektionen mit ein wenig Musiktheorie und neuen Begriffen, die für unser Instrument gelten. Wir werden das alles später brauchen, also haben Sie etwas Geduld.

Schnappen Sie sich Ihre Mundharmonika.

Es gibt verschiedene Möglichkeiten, sie zu halten. Lassen wir uns davon nicht beirren. Daher nehmen wir das Instrument gleich auf die gebräuchlichste und effektivste Art und Weise in die Hand. Die wichtigste Haltehand ist die linke. Nehmen Sie daher das Instrument in Ihre linke Hand, wie in Abbildung 1 gezeigt. Schauen Sie genau hin, die Mundharmonika wird tatsächlich nur zwischen zwei Fingern Ihrer linken Hand gehalten – dem Daumen und dem Zeigefinger. An der Ober- und Unterseite der Mundharmonika befinden sich üblicherweise Längsaussparungen. Sie sind so konzipiert, dass sie bequem gehalten werden kann. Hier sollten Daumen und Zeigefinger platziert werden.

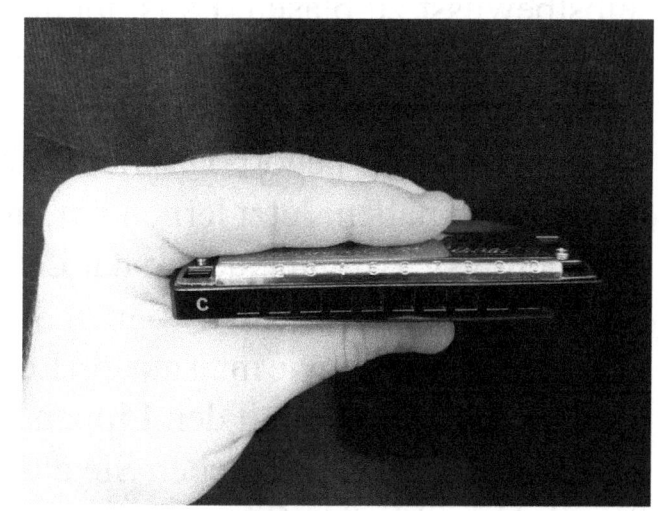

Abbildung 1

Sehen Sie die Nummerierung der Löcher 1-10 auf der oberen Abdeckung? Wenn ja, dann ist die Mundharmonika in der richtigen Position. Wenn sich die Zahlen unten vor dem Daumen befinden, drehen Sie das Instrument bitte um.

Die rechte Hand ist zur Unterstützung da. Sie hilft beim Halten des Instruments und kann in Kombination mit der linken Hand eine „Klangkammer" erzeugen, die sich schließen und öffnen lässt (siehe Abbildung 2).

Abbildung 2

Jetzt lassen wir die ersten Töne auf der Mundharmonika entstehen. Sie müssen wissen, dass die Mundharmonika ein Rohrblattinstrument ist. Einfach ausgedrückt benötigt es eine konstante und ununterbrochene Luftzufuhr, damit die Metallzungen im Inneren vibrieren und Töne erzeugen können. Daher ist es wichtig, die Mundharmonika mit den Lippen zu umschließen und einfach selbstbewusst zu blasen. Es ist nicht nötig, so stark wie möglich zu blasen, als würde man einen Ballon aufblasen. Es genügt ein konstanter Luftstrom.

Nachdem Sie dies nun ausprobiert haben, haben Sie wahrscheinlich mehrere Töne gleichzeitig gehört. Das liegt daran, dass Sie in mehrere Löcher gleichzeitig geblasen haben. Jetzt lernen wir, nur ein Loch zu treffen – das ist tatsächlich die wichtigste Aufgabe der ersten Lektion. NUR EIN LOCH TREFFEN. Wenn Sie dies nicht beherrschen, können Sie nicht mit der zweiten Lektion fortfahren.

Das Geheimnis, wie man nur ein Loch trifft, liegt in der richtigen Art und Weise die Mundharmonika mit den Lippen zu umschließen. Greifen Sie nicht mit den Lippen nach ihr und schieben Sie das Instrument andererseits auch nicht in den Mund. Umschließen Sie einfach die Mundharmonika mit ihren Lippen, sodass sich die Oberlippe am oberen und die Unterlippe am unteren Deckel befindet. Ziehen Sie Ihre Lippen nach und nach zu einem schmalen „Röhrchen" zusammen,

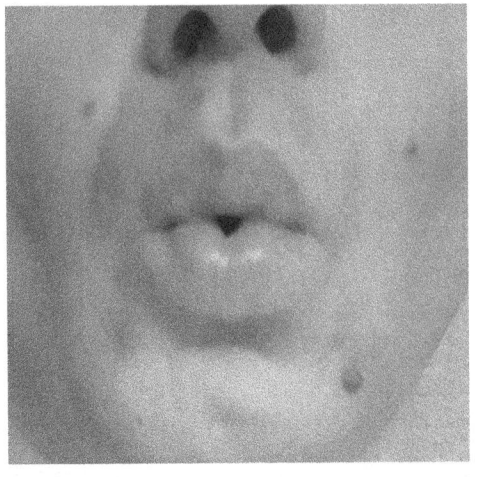 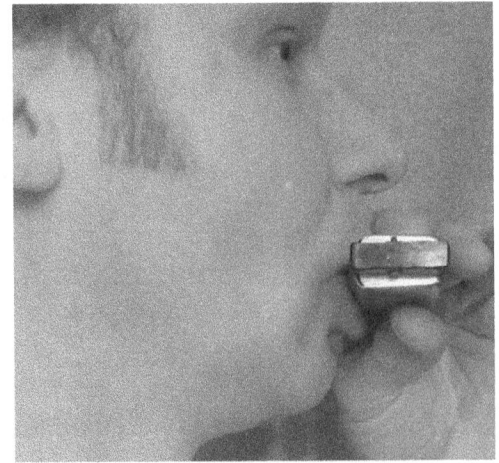

Abbildung 3

als würden Sie mit den Lippen einen Strohhalm halten und Saft aus einer kleinen Saftpackung trinken (Abb. 3).

Video 2

Es ist WICHTIG darauf zu achten, dass die Mundharmonika auf der Unterlippe „liegt". Heben Sie sie nicht bis zur Oberlippe an und schieben Sie sie nicht nach oben. Idealerweise sollte die Mundharmonika mit den Löchern leicht nach unten zeigen. (Eine detaillierte und visuelle Demonstration des Treffens eines Lochs finden Sie im Video zu dieser Lektion (Video 2)).

Hinweis: Der Grund dafür, dass Sie ein Loch möglicherweise nicht treffen können, liegt nicht nur an der Form Ihrer Lippen, sondern auch an der Position des Instruments in Relation zu ihren Lippen. Wenn Sie statt des gewünschten Tons zwei Töne auf einmal hören, ist die Wahrscheinlichkeit groß, dass Sie sich nicht vor dem Loch, sondern vor der Brücke zwischen den beiden Löchern befinden. Der Luftstrom teilt sich somit in zwei Teile und die beiden benachbarten Klangzungen erklingen gleichzeitig. Um dies zu vermeiden, bewegen Sie das Instrument einfach ein wenig von links nach rechts, um die richtige Position zu finden.

Es ist auch WICHTIG, darauf zu achten, dass Ihre Lippen nicht an den Deckplatten des Instruments kleben bleiben und problemlos gleiten. Lecken Sie über Ihre Lippen, bevor Sie mit dem Spielen beginnen, und auch während des Spiels (und wischen Sie die Mundharmonika mit einem Taschentuch ab, wenn Sie fertig sind).

Wenn Sie es geschafft haben, ein beliebiges Loch genau zu treffen und dabei einen einzelnen Ton erzeugt haben, machen Sie dasselbe mit dem 1., 4., 7. und 10. Loch.

Alle vier Töne, die Sie dabei hören, sind Grundtöne. Das heißt, sie bestimmen die Tonalität des Instruments. Darüber hinaus handelt es sich um ein und denselben Ton. In diesem Fall handelt es sich um das C (und bei der D-Mundharmonika beispielsweise erzeugen dieselben Löcher das D usw.). Wie Sie sehen, haben wir demnach auf der C-Mundharmonika vier C-Laute. Jeder aufeinanderfolgende ist höher als der vorherige. Warum wiederholen sich die Töne eines Musikinstruments, während die Tonhöhe ansteigt? Weil sie nicht linear ansteigen, sondern gleichsam spiralförmig. Es ist, als würde man in einem mehrstöckigen Gebäude eine Treppe hinaufsteigen. Nach einer bestimmten Anzahl von Schritten, befinden Sie sich erneut in einem Stockwerk, das dem vorherigen sehr ähnlich ist, nur höher.

Der Abstand zwischen den beiden nächstgelegenen Cs wird Oktave genannt.

Wie wir sehen können, hat unsere Mundharmonika drei solcher Oktaven: 1-4, 4-7, 7-10. Zunächst befassen wir uns mit der Hauptoktave – der Mitteloktave.

Track 1

Versuchen Sie noch einmal in das 4. Loch auszuatmen und treffen Sie dabei genau einen Ton.

Atmen Sie jetzt ein! Und stellen Sie sicher, dass nur ein Ton erklingt. Ja – auf der Mundharmonika entstehen Töne nicht nur beim Ausatmen, sondern auch beim Einatmen.

Hat es geklappt? Dann sind Sie bereit, eine Tonleiter zu spielen und dies ist auch die letzte Aufgabe für heute.

Wir werden eine Tonleiter in C-Dur spielen, da wir eine Mundharmonika in der Tonart C haben.

Sie besteht aus den folgenden Noten: **C - D - E - F - G - A - H - C.**

Die Spielweise ist einfach:
4. Loch – ausatmen, einatmen;
5. Loch – ausatmen, einatmen;
6. Loch – ausatmen, einatmen;
7. Loch – einatmen, ausatmen (!).

Lassen Sie uns das in einer Tabulatur aufschreiben: (Track 1)

4↑	4↓	5↑	5↓	6↑	6↓	7↓	7↑
C	D	E	F	G	A	H	C

Wie Sie wahrscheinlich bemerkt haben, dient der Aufwärtspfeil ↑ zum Ausatmen und der Abwärtspfeil ↓ zum Einatmen.

Unter jeder Ziffer steht die Buchstabenbezeichnung der entsprechenden Note (beim Spielen ist das nicht so wichtig, aber wir werden es später brauchen).

Hat es geklappt die Tonleiter zu spielen? Großartig! Versuchen Sie nun, die Tonleiter in umgekehrter Richtung zu spielen – von rechts nach links, also vom 7. bis zum 4. Loch.

Üben Sie die Tonleiter und beginnen Sie jede Unterrichtseinheit damit. Sobald Sie die Tonleiter gut und sauber spielen können, können Sie mit der zweiten Lektion fortfahren.

Natürlich wird alles, was ich in dieser Lektion erwähnt habe, im Videoanhang, auf den ich oben verwiesen habe, ausführlich beschrieben und demonstriert. (Video 2).

Lektion 2

Spielen wir nun unsere Dur-Tonleiter in der oberen Oktave. Das sieht dann so aus: (Track 2)

7↑ 8↓ 8↑ 9↓ 9↑ 10↓ 10↓
C   D   E   F   G   A   C

Track 2

Alles klar? Das ist großartig! Und jetzt zwei Oktaven. Vom 4. bis zum 10. Loch und zurück: (Track 3)

4↑ 4↓ 5↑ 5↓ 6↑ 6↓ 7↓ 7↑ 8↓ 8↑ 9↓ 9↑ 10↓ 10↑
C D E F G A H C D E F G A   C

Track 3

Wie Sie sehen können, spielen wir ab dem 7. Loch die Tonleiter indem wir erst einatmen und dann ausatmen. Denn bevor wir das 6. Loch erreichten, atmeten wir erst aus und dann ein. Das ist das Konstruktionsprinzip der Mundharmonika, so ist sie aufgebaut. Auf diese Weise werden alle Tonika-Töne (in unserem Fall der C-Ton) beim Ausatmen erzeugt. Es gab keine andere Möglichkeit, als die Töne im 7. und allen folgenden Löchern „zu spiegeln".

Hier ein wichtiger Punkt: Haben Sie genug Luft? Sind Sie bereits beim Spielen der Tonleiter in Atemnot? Es ist wichtig zu wissen, dass das Atmen auf der Mundharmonika während des Spielens ganz natürlich über den Mund erfolgt, vor allem, weil wir beim Spielen sowohl ein- als auch ausatmen. Auf diese Weise findet ein regelmäßiger Wechsel der Atemzüge statt. ABER! Durch das Einatmen über den Mund wird die Sauerstoffversorgung nur um ca. 70 % wiederhergestellt. Die restlichen 30 % werden über die Nase geliefert. Wenn wir z.B. bei einer Melodie oder einer Tonleiter nicht genügend Luft haben, dann atmen wir beim nächsten Einatmen gleichzeitig mit der Nase ein. Und wenn die Lunge im Gegenteil schon voll ist, dann scheiden wir beim nächsten Ausatmen gleichzeitig die überschüssige Luft durch die Nase aus. Das heißt, beim Spielen der Mundharmonika ist unsere Nase ein zusätzliches Luftventil, das nur bei Bedarf in die Atmung einbezogen wird.

Außerdem ist Ihnen wahrscheinlich aufgefallen, dass die obere Oktavskala nicht vollständig ist. Es fehlt ein Ton. In der oberen Oktave fehlt die vorletzte Note der Tonleiter, nämlich das H. Diese Note musste geopfert werden, da sie nicht in eine Mundharmonika mit zehn Löchern passte. Später werden Sie feststellen, dass dies nicht die einzige Note ist, die unserem Instrument fehlt.

Nun, es ist Zeit, unser erstes Lied zu spielen! Nehmen wir etwas wirklich Einfaches und Bekanntes.

Wie wäre es mit „Twinkle, twinkle little star"? Es geht so:

4↑ 4↑ 6↑ 6↑ 6↓ 6↓ 6↑   5↓ 5↓ 5↑ 5↑ 4↓ 4↓ 4↑

6↑ 6↑ 5↓ 5↓ 5↑ 5↑ 4↓

6↑ 6↑ 5↓ 5↓ 5↑ 5↑ 4↓

4↑ 4↑ 6↑ 6↑ 6↓ 6↓ 6↑   5↓ 5↓ 5↑ 5↑ 4↓ 4↓ 4↑

Das ist die Tabulatur (oder kurz Tab). Und jetzt gebe ich Ihnen am Beispiel unserer ersten Melodie eine Anleitung an die Hand zum schnellen und korrekten Erlernen beliebiger Lieder und Melodien, die Ihnen in Zukunft von Nutzen sein wird:

1. Hören Sie sich zunächst die Melodie mehrmals an (verwenden Sie den Audio-Anhang der Lektion). Beim letzten Anhören sehen Sie sich die Tabulatur an und vergewissern sich, dass die Noten der gespielten Melodie auf dem Papier stehen (Track 4).

Track 4

2. Spielen Sie die Melodie mithilfe der Tabulatur. Spielen Sie zunächst langsam und in einem Tempo, in dem Sie sich wohl fühlen. (Ich möchte betonen, dass die Tabulatur eine Art „Spickzettel" ist, mit deren Hilfe wir die benötigten Töne auf dem Instrument in der richtigen Reihenfolge finden. Aber! Die Tabulatur vermittelt nicht das rhythmische Muster der Melodie und die Dauer einzelner Noten. Sowohl die Dauer der Noten als auch das Melodiemuster muss man sich beim Anhören einprägen. Wenn etwas seltsam klingt und Sie das Gefühl haben, die Melodie vergessen zu haben, gehen Sie zurück und hören Sie sich das Stück noch einmal an.

3. Lernen Sie die Melodie auswendig und spielen Sie sie aus dem Gedächtnis. Am einfachsten ist es, die Melodie in kleinere Teile zu zerlegen, sie auswendig zu lernen und sie dann zusammenzusetzen. Ich empfehle, Licks und Zeilen auswendig zu lernen. Auf diese Weise verlieren Sie nicht die Integrität des Stücks. Wenn Sie aber beim Spielen immer wieder über einen Lick oder eine Note stolpern, sollten Sie diesen Teil der Melodie separat erarbeiten und dann alles wieder zusammensetzen. Verschieben Sie diese schwierigen Stellen nicht auf später. Sie sollten keine Fehler üben!

4. Spielen Sie die Melodie mit Begleitung, die ebenfalls im Audio-Anhang der Lektion enthalten ist. Anfangs wird Sie der Klang der Gitarre möglicherweise verwirren, Sie können also zunächst ruhig mit der Tabulatur spielen. Aber erst, wenn Sie alles auswendig spielen können, können Sie behaupten, dass Sie die Melodie vollständig beherrschen.

5. Verzweifeln Sie nicht, wenn etwas nicht auf Anhieb klappt. Schließlich ist es nur eine Melodie – das ist alles. Wenn es heute nicht klappt, klappt es eben morgen. Vergessen Sie nicht, Pausen einzulegen und sich auszuruhen. Glauben Sie mir – es ist genauso wichtig wie das Üben!

Und noch etwas. Die Lektionen sind nach Themen gegliedert. Sie sind außerdem von leicht bis schwierig gestaffelt. Einige können in nur einer Stunde bewältigt werden, andere können mehrere Tage in Anspruch nehmen. Behalten Sie das im Hinterkopf.

Viel Spaß beim Erlernen von Tonleitern und Melodien. Ich freue mich auf ein Wiedersehen in Lektion 3!

Lektion 3

In dieser Lektion werden wir zwei neue Stücke erlernen, einige Spieltechniken kennenlernen und am Ende unsere lang erwartete erste Improvisation ausprobieren!

Wie bereits gesagt, besteht das Ziel dieses Buches darin, Ihnen das Improvisieren beizubringen. Aber auch das Spielen bekannter Melodien ist ein wichtiger Lerninhalt. Es fördert die Disziplin, sorgt für das nötige Mindestmaß an Fleiß (an dem es männlichen Schülern oft mangelt) und bereitet Freude angesichts der ersten greifbaren Ergebnisse. Das Spielen der Mundharmonika wird dadurch sauber, strukturiert und bedeutungsvoll. Daher verzichten wir also nicht ganz auf das Spielen von Melodien, insbesondere in der Anfangsphase.

Spielen wir zunächst eine alte französische Melodie „Frère Jacques" („Bruder Jakob"): (Track 5)

4↑ 4↓ 5↑ 5↑ - wiederholen

5↑ 5↓ 6↑ - wiederholen

6↑ 6↓ 6↑ 5↓ 5↑ 4↑ - wiederholen

4↓ 3↑ 4↑ - wiederholen

Track 5

Die gesamte Melodie besteht aus nur 4 Licks, die jeweils zweimal gespielt werden. (Ich habe die Melodie absichtlich in Stenografie geschrieben und die Licks nicht in der Tabulatur dupliziert. Machen Sie sich mit den Abkürzungen vertraut, damit Sie nicht durch die zusätzliche Schreibweise abgelenkt werden.)

Generell ist die Wiederholung von Phrasen ein häufiges Phänomen in der Musik, insbesondere in der Volksmusik. Sie werden beim Spielen von Melodien regelmäßig darauf stoßen.

Wichtig! Fangen Ihre Wangen an zu schmerzen, wenn Sie spielen? Wenn ja, bedeutet das, dass Sie sie überanstrengen. Das muss nicht sein. Wir pressen unsere Lippen in einer „Röhrenform" zusammen, aber unsere Wangen sind immer entspannt (!). Beim Ausatmen wölben sie sich leicht, beim Einatmen ziehen sie sich wieder zusammen. Machen Sie folgendes. Spielen Sie vor einem Spiegel, um sicherzustellen, dass Ihre Wangen „atmen".

Hier ist ein weiteres bekanntes Stück aus den USA. Es ist ein traditioneller Gospel: „Oh When The Saints Go Marchin' In!" (Track 6).

4↑ 5↑ 5↓ 6↑ - wiederholen

4↑ 5↑ 5↓ 6↑ 5↑ 4↑ 5↑ 4↓

5↑ 5↑ 4↓ 4↑   4↑ 5↑   6↑ 6↑ 5↓

5↓ 5↑ 5↓ 6↑ 5↑ 4↑ 4↓ 4↑

Track 6

Video 3

Wenden wir uns nun einigen Spieltechniken zu, die Ihnen die gebräuchlichsten Arten von Mundharmonika-Artikulationsschlägen näherbringen.

1. Staccato ist eine Artikulationsart, bei der die Töne kurz und zügig gespielt werden. In einem Notenblatt oder einer Tabulatur wird ein im Staccato gespielter Ton mit einem Punkt (über oder unter der Note) markiert.

Um einen Staccato-Sound zu erzielen, benötigen wir die aktive Hilfe unserer Zunge. Wir wollen versuchen, beim Ausatmen am vierten Loch ein Staccato zu spielen. Dazu müssen wir beim Ausatmen „TUUT" flüstern. Wenn wir den Buchstaben „T" aussprechen, arbeitet unsere Zunge wie ein Luftventil, das zunächst Luft ansammelt, deren Austritt aus dem Mund blockiert, und die Luft dann plötzlich wieder abgibt. Als Ergebnis hören wir den Buchstaben „T". Wenn die Zunge beim Spielen der Mundharmonika in die ursprüngliche Position des Buchstabens „T" zurückkehrt, erhalten wir einen kurzen Stakkato-Ton. Kehrt sie nicht zurück, erhält man „Tu-u-u-u", also einen langen Ton mit einem scharfen, deutlichen Anfang. (Video 3).

Versuchen Sie nun, beim Einatmen Staccato zu spielen. Es funktioniert sehr ähnlich. Auf den ersten Blick fühlt es sich vielleicht nicht so natürlich an, beim Einatmen einen Konsonanten auszusprechen, aber es ist wirklich nicht schwierig, sich daran zu gewöhnen.

Spielen wir nun eine Staccato-Tonleiter vom 4. bis zum 7. Loch. Um es besser hören zu können, spielen wir statt einer 4 identische Staccato-Noten hintereinander. (Track 7)

Track 7

4̇↑ 4̇↑ 4̇↑ 4̇↑ 4̇↓ 4̇↓ 4̇↓ 4̇↓ 5̇↑ 5̇↑ 5̇↑ 5̇↑ 5̇↓ 5̇↓ 5̇↓ 5̇↓ 6̇↑ 6̇↑ 6̇↑ 6̇↑
6̇↓ 6̇↓ 6̇↓ 6̇↓ 7̇↓ 7̇↓ 7̇↓ 7̇↓ 7̇↑ 7̇↑ 7̇↑ 7̇↑

Sobald Sie in der Lage sind, eine Staccato-Tonleiter zu spielen, können Sie mit Sicherheit sagen, dass Sie ein Gefühl für diese Spieltechnik entwickelt haben.

Das Gegenteil von Staccato ist Legato. Die „Legato"-Klänge gehen fließend von einem zum anderen über.

Die Mundharmonika ist ein wohlklingendes Musikinstrument, das von Natur aus eher zum Legato tendiert. Übermäßiger Einsatz von Staccato-Klängen kann dazu führen, dass sich Ihr Spiel holprig, kratzig und sogar unangenehm für das Ohr anhört. Doch ohne Staccato verliert die Mundharmonika ihre Verspieltheit und ihr Feuer. Außerdem wäre es ohne Staccato einfach nicht möglich, mehrere identische Klänge hintereinander im moderaten bis schnellen Tempo zu spielen … daher werden wir diesen Anschlag sehr wohl verwenden, aber mit Bedacht einsetzen.

2. Slide ist genau das – das Gleiten auf dem Instrument. Eine charakteristische Technik, ohne die die Mundharmonika kaum vorstellbar wäre.

Slides werden sowohl beim Ausatmen als auch beim Einatmen gemacht. Es gibt zwei Arten von Slides:

I. Richtige Slides – das ist, wenn wir die Mundharmonika (ausatmend oder einatmend) von unten nach oben oder von oben nach unten aus einem undefinierten Loch gleiten lassen, aber definitiv an einem bestimmten Loch anhalten. Im Grunde gleiten wir von oben oder von unten auf einen Ton zu. Hier ist es wichtig, darauf zu achten, dass man diesen Ton sauber spielt – erst dann kann man von einem gelungenen Slide sprechen.

Video 5

II. Dropoff – einen solchen Slide spielen wir von einem bestimmten, bereits klingenden Ton aus. Wir lassen ihn erst erklingen und gleiten dann „ins Leere", d.h. ohne eindeutigen Schlusston. Dies geschieht normalerweise am Ende einer Melodie oder eines Solos.

Weitere Informationen zu Slides finden Sie im Video zu dieser Lektion (Video 5).

Wissen Sie was? Es wird Zeit für Ihre erste **Improvisation!!!** Ja, jetzt ist es soweit, auch wenn Sie vielleicht noch nicht das Gefühl haben, bereit zu sein. Aber wenn Sie es jetzt nicht tun, werden Sie es nie tun.

Zunächst verrate ich Ihnen das wichtigste Improvisationsgeheimnis, das man sonst nie zu hören bekommt. Daher AUFGEPASST! Sie müssen den Musiktitel einschalten, den Sie für die Improvisation ausgewählt haben (er befindet sich im beigefügten Video dieser Lektion), Ihre Mundharmonika in die Hand nehmen ... und anfangen, irgendetwas zu spielen!!!! Ja irgendetwas. Bewegen Sie einfach Ihre Mundharmonika, während Sie die Atemzüge variieren. Machen Sie Slides und Staccatos, wo immer Sie wollen. Spielen Sie Töne und genießen Sie das Ergebnis. Das ist echte Improvisation – wenn man anfängt zu spielen und nicht weiß, was dabei herauskommt. Die Hauptsache ist, zu versuchen, es schön zu gestalten. Dazu muss man einfach die beliebigen Töne so treffen, dass sie klar klingen. Selbst wenn sich herausstellt, dass die Hälfte der Klänge doppelt oder dreifach ertönen, ist das kein großes Problem. Es ist nicht immer notwendig, eine Note nach der anderen anzuschlagen und zu spielen. Es ist WICHTIG, keine Angst davor zu haben, Fehler zu machen. Einen falschen Ton auf der Mundharmonika zu spielen, ist eigentlich fast unmöglich, da es sich um ein diatonisches Instrument handelt, oder vereinfacht ausgedrückt, da es ein Instrument mit einer Tonleiter ist. Wenn die Tonart des Liedes mit der Tonart Ihrer Mundharmonika übereinstimmt (und im Anhang zur Lektion stimmt alles genau überein), ist es einfach unmöglich, etwas falsch zu machen. Alle Töne auf der Mundharmonika stimmen genau überein.

Alles klar – noch eine, letzte Vorübung. Ich nenne es „Die chaotische Tonleiter".

Spielen Sie und bewegen Sie ihre Lippen vom 1. zum 10. Loch indem Sie Ihre Atmung so verändern, als würden Sie eine Tonleiter spielen, aber schnell und ohne darüber nachzudenken, welche Löcher Sie treffen. Einfach ausatmen, einatmen, ausatmen, einatmen, einatmen, ausatmen, einatmen ... und so weiter bis zum 10. Loch.

1 ↑↓↑↓↑↓↑↓↑↓↑↓↑↓↑↓↑↓ 10

Track 8

Großartig! Jetzt haben Sie gelernt, wie Sie Ihre Atmung so verändern, um nach dem Zufallsprinzip zu spielen. Sie sind definitiv bereit. Schauen Sie sich das Video an und haben Sie viel Spaß bei Ihrer ersten Improvisation! (Video 10)

Video 10

Lektion 4

Schauen wir uns noch ein paar neue Melodien an, die im ¾-Takt geschrieben sind. Diese Taktart nennt man auch „Walzertakt". „Um-pah-pah, um-pah-pah." Verlieren Sie nicht den Takt, wenn Sie Melodien spielen.

Beginnen wir mit einem deutschen Volkslied, das vermutlich schon seit den Anfängen dieses Instruments auf der Mundharmonika gespielt wird. Es wäre falsch, es zu übergehen.

1. „Oh, du lieber Augustin" (Track 9)

6↑ 6↓ 6↑ 5↓ 5↑ 4↑ 4↑ 4↓ 3↑ 3↑ 5↑ 4↑ 4↑

6↑ 6↓ 6↑ 5↓ 5↑ 4↑ 4↑ 4↓ 3↑ 3↑ 4↑

4↓ 3↑ 3↑ 5↑ 4↑ 4↑ - wiederholen

6↑ 6↓ 6↑ 5↓ 5↑ 4↑ 4↑ 4↓ 3↑ 3↑ 4↑

Track 9

Wenn Sie beim Spielen dieser Melodie etwas Sicherheit gewonnen haben, versuchen Sie, den ersten Ton in der ersten, zweiten und letzten Zeile (6 ↑) als Slide zu spielen und vom letzten langen Ton der Melodie (4 ↑) einen Dropoff zu spielen. Sie werden sehen, wie nur 4 Slides die Melodie verändern und den deutschen Volksmusikklang verstärken. Der Slide ist ein sehr ausdrucksstarkes Mittel.

2. Die zweite Melodie rüstet Sie für die immer wiederkehrende Frage, was Sie Ihren Freunden und Verwandten zum Geburtstag schenken könnten – und zwar das ganze Jahr über! Dieses Mal können Sie dieses berühmte Lied vortragen: (Track 10). „Happy Birthday to you"

6↑ 6↑ 6↓ 6↑ 7↑ 7↓

6↑ 6↑ 6↓ 6↑ 8↓ 7↑

Track 10

6↑ 6↑ 9↑ 8↑ 7↑ 7↓ 6↓

9↓ 9↓ 8↑ 7↑ 8↓ 7↑

Beachten Sie die dritte Zeile, insbesondere die drei Schläge hintereinander (9 ↑ 8 ↑ 7 ↑). Alle drei Töne sollten auf einmal geblasen werden, wobei die Mundharmonika rhythmisch mit dem richtigen Loch an die Lippen geführt wird. Machen Sie dasselbe mit den nächsten beiden Atemzügen (7↓ 6↓). Auf diese Weise werden diese Töne gleichmäßig wiedergegeben.

Schauen wir uns nun ein paar weitere Methoden an, Mundharmonika zu spielen:

1. Triller. Dies ist ein schnelles Abwechseln zweier benachbarter Töne, die zu einem schillernden, dynamischen Klang verschmelzen, und gehört zur Grundtechnik des Mundharmonikaspiels. Da wir in jedem Loch zwei Töne gleichzeitig spielen können (einen durch Blasen, den anderen durch Ziehen), gibt es auf der Mundharmonika zwei Arten von Trillern:

I. Ein Einloch-Triller. Dabei wechseln sich die Töne an nur einem Loch sehr schnell ab. Würde man sie mit einem üblichen Ziehen und Blasen zwischen ihnen wechseln, ergäbe es keinen Triller, weil es nicht möglich ist, den Atem so schnell zu wechseln, wie es für einen Triller nötig ist. Damit es funktioniert, ist es notwendig, so zu arbeiten, als würde man beim Ziehen und Blasen nur mit dem Mund arbeiten, ohne die Lunge einzubeziehen. Es ist eine Herausforderung, dies in Worten zu beschreiben. Es ist viel einfacher zu zeigen. Folgen Sie daher dem Link zum Video, in dem ich 2 Trillerarten im Detail erkläre und zeige. (Video 6).

Video 6

II. Triller auf zwei benachbarten Löchern. Bei dieser Art von Triller wechseln wir durch Rüberziehen und Blasen schnell zwischen zwei Tönen, die auf benachbarten Löchern liegen. Es ist dabei nicht notwendig, die Atemzüge zu ändern. Sie müssen Ihren Kopf nur schnell von einem Loch zum anderen bewegen. Dazu müssen Sie das Instrument gut in Ihren Händen fixieren, es an Ihre Lippen legen und sehr schnell beginnen, Ihren Kopf nach links und rechts zu drehen, als würden Sie mit dem Kopf schütteln: „Nein-Nein-Nein" und gleichzeitig ausatmen oder einatmen. (Dieser Triller wird auch im oben genannten Video ausführlich gezeigt).

2. Die zweite Technik oder, ich würde sogar sagen, ein weiterer Soundeffekt, mit der wir uns in dieser Lektion befassen werden, ist der sogenannte „Wap-Wap"-Effekt. Es ist ein Sound, den Sie definitiv schon einmal gehört haben, besonders in Western und Delta Blues. Mit dem Wap-Wap-Effekt können Sie einzelne gestreckte Klänge oder Akkorde hervorheben und ihnen so eine Art „Jammern" verleihen.

Video 4

Im Western Blues wird oft „Wap-Wap" durch die gesamte Melodie gespielt und imitiert so die Tremolo-Mundharmonika oder das Akkordeon. Aber in jedem Fall wird diese Technik ausschließlich mit Hilfe unserer Hände durchgeführt. Mit unseren Handflächen bilden wir eine Kammer um die Rückseite der Mundharmonika, die wir abwechselnd mit der rechten Hand öffnen und schließen.

Auch dies ist einfacher zu zeigen, also folgen Sie dem Link zum Video (Video 4).

Am Ende unserer Lektion werden wir noch einmal improvisieren. Dieses Mal werden wir alle Fähigkeiten und Techniken anwenden (Slide, Staccato, Legato, Triller und „Wap-Wap"). (Video 11)

Video 11

Lektion 5

Diesmal fangen wir gleich mit der Improvisation an. Ich bin mir sicher, dass es einigen von Ihnen beim letzten Mal etwas schwierig vorgekommen sein dürfte. Gehen wir also die Improvisation aus der vorherigen Lektion im Detail durch (Video 13).

Video 13

Haben Sie sich mit der Improvisation aufgewärmt? Großartig! Lassen Sie uns nun unser technisches Niveau weiter verbessern.

Heute beginnen wir damit, die ersten beiden Melodien aus unserem Repertoire („Twinkle, twinkle little star" und „Bruder Jakob") in der oberen Oktave zu spielen. Die letzte Melodie, die wir gelernt haben, wird, wie Sie sich erinnern, in der oberen Oktave gespielt. Aber auch alle anderen können dorthin transponiert (also übertragen) werden.

Dazu müssen Sie sie nicht ab dem 4., sondern ab dem 7. Loch spielen. Sonst ändert sich nichts. Wo zuvor in der Melodie gezogen wurde, wird immer noch gezogen, wo vorher geblasen wurde, wird auch weiterhin geblasen.

ABER ACHTUNG! Es gibt einen Haken. Erinnern Sie sich daran, dass vom 7. bis zum 10. Loch das Einatmen an erster Stelle kam, wenn wir eine Tonleiter spielen? Das ist ein wichtiger Punkt. In der oberen Oktave ist das Ziehen um ein Loch nach vorne verschoben. Dies wirkt sich auch auf die Musikstücke aus, die Sie spielen. Sie müssen das Ziehen ein Loch höher ansetzen als das Blasen.

Nehmen wir zum Beispiel die erste Zeile von „Twinkle, twinkle little star".

Früher haben wir es so gespielt: 4↑ 4↑ 6↑ 6↑ 6↓ 6↓ 6↑. Die einzigen beiden Male, in denen in dieser Reihe gezogen wurde, befanden sich an der gleichen Stelle wo zuvor geblasen wurde – nämlich am 6. Loch.

In der oberen Oktave wird diese Zeile wie folgt gespielt: 7↑ 7↑ 9↑ 9↑ 10↓ 10↓ 9↑. Verstanden? Das Blasen erfolgt an der gleichen Stelle wie in der Hauptoktave (wir springen von den ersten beiden Bläsern über das Loch zu den anderen beiden, hier ändert sich nichts), allerdings erfolgt das Ziehen nicht direkt nach dem Blasen, sondern ein Loch höher. Und dann geht es für das letzte Blasen noch einmal ein Loch runter.

Wenn wir also in der Oberoktave spielen, müssen wir immer, wenn wir ziehen, die Melodie um ein Loch „korrigieren".

Versuchen Sie nun, Melodien in der oberen Oktave zu spielen. Ich schreibe die Tabs absichtlich nicht für Sie aus. Mir ist es wichtig, dass man es nach Gehör und Gefühl macht, sonst beherrscht man die Umsetzung nicht. Hören Sie sich die Audiodatei an (Track 11), um zu hören, wie

Track 11

es klingen soll. Versuchen Sie anschließend, die Melodie zu spielen. Und denken Sie daran: Hin und wieder werden Sie sowieso Fehler machen! Ich mache auch fast immer Fehler beim Transponieren einer gelernten Melodie, aber... ich korrigiere mich sehr schnell und niemand merkt es!

Track 11a

Der wichtigste Trick beim Spielen in der oberen Oktave besteht darin, sich schnell korrigieren zu können. Wenn der Ton beim Ziehen nicht zu hören ist, bedeutet das, dass Sie ihn einfach tiefer gespielt haben, als Sie sollten. Schnell ein Loch nach oben verschieben und der Fehler wird niemandem auffallen, denn aus dem Fehler wird ein wunderschöner Microslide.... Das ist nur ein kleiner Tipp von mir.

„Bruder Jakob" beginnt genauso mit blasen am 7. Loch. Anschließend ziehen Sie am 8. Loch ... und machen von dort aus weiter. Hier ist der Track: (Track 11a)

Die neue Spieltechnik, die wir heute lernen werden, heißt Vibrato.

Vibrato ist eine oszillierende Änderung der Lautstärke (Kraft), der Tonhöhe oder des Klangs eines Instruments, wodurch wir eine Klangvibration oder Schwingung, hören.

Wozu dient Vibration überhaupt? Der Punkt ist, dass lange, langweilige Geräusche unsere Ohren belasten, da sie eintönig wirken. Aber wenn man dem gleichen langen Klang ein wenig Vibrato hinzufügt, kann man ihm stundenlang zuhören, ohne müde zu werden. Das ist unsere Physiologie. Schwingungen im Klang nehmen wir als etwas Angenehmes, Gewichtiges, Überzeugendes, Ausdrucksstarkes wahr. In der Tat ist das Vibrato eine sehr ausdrucksstarke Technik, die die einfachste Melodie in ein Meisterwerk verwandeln kann (und ich übertreibe nicht).

Vibrato wird nach Möglichkeit bei fast allen Musikinstrumenten eingesetzt. Es gibt Instrumente, bei denen das technisch nicht möglich ist, etwa bei einem Flügel oder einem Klavier. Manche Instrumente können mehr als eine Art Vibrato erzeugen, andere können auf zwei oder sogar drei Arten vibrieren. Die Mundharmonika ist in dieser Hinsicht das vollkommenste Instrument. Es gibt mindestens vier Möglichkeiten, es zum Vibrieren zu bringen (wenn nicht noch mehr). Ich verwende nur drei, die ich mit Ihnen teilen werde:

1. Handvibrato (ausschließlich mit den Händen ausgeführt);
2. Atemvibrato;
3. Kehlkopfvibrato.

In dieser Lektion werden wir nur über die erste Art von Vibrato sprechen.

1. Es gibt zwei Arten von Handvibrato:

I. Vibrato der linken Hand. Dies ist das Grundvibrato. Es klingt weich, klar und seine Geschwindigkeit ist leicht zu kontrollieren und zu ändern, da die linke Hand das Instrument nur hält.

Um den Klang auf diese Weise vibrieren zu lassen, blasen Sie gleichmäßig und lange in ein beliebiges Loch (z. B. das 4. Loch) und beginnen dabei, die Mundharmonika mit der linken Hand zu schwingen, sodass ihre Löcher auf die Unterlippe „rollen". (auf der Innenseite der Unterlippe). Jedes Mal, wenn Sie die Mundharmonika während dieses Schaukelns nach unten senken, wird die Mundharmonika leiser klingen, und wenn Sie in die Ausgangsposition zurückkehren, stellt sich wieder die ursprüngliche Lautstärke ein. Der Lautstärkekontrast vermittelt Ihnen das Gefühl von Vibration.

Dies liegt daran, dass bei der Abwärtsbewegung das Loch, an dem Sie gerade ziehen, teilweise durch die innere, leicht umgekehrte Seite der Lippe blockiert wird. Zu diesem Zeitpunkt gelangt weniger Luft in die Mundharmonika und sie klingt leiser. Bei der Rückkehr in die Ausgangsposition wird der Luftstrom zur Klangzunge im Mundharmonikaloch wiederhergestellt und wir hören den Ton mit der gleichen Ausgangslautstärke.

Video 7

Auch hier ist in der Praxis alles viel einfacher und klarer als auf dem Papier. Folgen Sie daher dem Link zum Video, in dem ich über alle Arten von Vibrato spreche und eine detailliertere Analyse des Vibratos mit den Händen vorstelle (Video 7).

II. Vibrato der rechten Hand. Diese Art von Vibrato wurde von Sonny Boy Williamson II sehr bevorzugt. Sehen Sie sich seine Live-Auftritte aus den 50er und 60er Jahren an.

Das Instrument verbleibt bei dieser Art von Vibrato in der linken Hand, die rechte Hand ruht jedoch auf einem (meist dem mittleren) oder mehreren Fingern auf der Rückseite der Mundharmonika. Mit kleinen, ruckartigen Bewegungen beginnen wir, es in Richtung der Lippen zu drücken. Das Ergebnis ist eine Art unruhige Vibration mit kleinem Tonumfang. Für lyrische Stücke und schöne ausgedehnte Töne eignet es sich nicht, aber es ist genau richtig, um dem Klang des Instruments eine zittrige, bluesige Stimmung zu verleihen. Erfahren Sie mehr über diese Art von Vibrato in Video 7.

Video 12

Nachdem Sie das Vibrato durch Ziehen und Anblasen auf verschiedenen Löchern geübt haben, ist es schließlich an der Zeit, es bei der Improvisation anzuwenden. Folgen Sie dem Link (Video 12). Bis bald bei der nächsten Lektion!

Lektion 6

In dieser Lektion gibt es nicht viel Theorie, da es sich eher um eine Fortsetzung der vorherigen Lektion über Transposition und Vibrato handelt, in der wir bereits die grundlegenden theoretischen Punkte besprochen haben. Also weniger Worte und mehr Übung!

I. Lassen Sie uns zwei weitere unserer Melodien in die obere Oktave transponieren und dabei berücksichtigen, dass wir uns an die Atemverlagerung anpassen müssen:

Track 12

„Oh, When The Saints Go Marchin' In!" Wir beginnen mit dem 7. Loch, blasen dann in das 8. und versuchen dann, alleine zu spielen, indem wir der Audiospur folgen (Track 12).

„Oh, du lieber Augustin" beginnt in der oberen Oktave mit dem Blasen in das 9. Loch, dann erfolgt im 10. Loch ein Ziehen (aufgrund der Verschiebung) und dann bläst man erneut in das 9. Loch. Anschließend versuchen Sie es noch einmal auf eigene Faust. Die erste Phrase dieser Melodie ist in der höheren Oktave aufgrund der verschobenen Atemzüge schwieriger zu spielen, aber das ist eine vorübergehende, überschaubare Schwierigkeit. Hören Sie sich also den Titel (Titel 13) an und spielen Sie.

Track 13

II. Den zweiten Teil der Lektion widmen wir dem Atemvibrato.

Die Idee dieses Vibratos besteht darin, dass wir beim Blasen (oder Einatmen während des Ziehens) wellenförmig, also stärker und schwächer, Luft in die Mundharmonika leiten. Dadurch klingt das Instrument leiser oder lauter und wir hören die Vibration.

Versuchen Sie, Vibrato zu erzeugen, während Sie zum Beispiel zuerst in dasselbe 4. Loch blasen. Beginnen Sie mit dem Blasen und versuchen Sie dabei, es wellenförmig zu steigern und zu verringern. WICHTIG! Stellen Sie sicher, dass beim „Anstoßen" des Luftstroms nur das Zwerchfell verwendet wird. Wir nutzen den oberen Teil des Bauches (Zwerchfell), um die Luft wellenförmig auszustoßen. Wir drücken den Luftstrom nicht mit unserem Hals zusammen und machen nichts mit unseren Händen. Nur atmen und nur mit dem Zwerchfell.

Video 8

Nachdem Sie ein Gefühl für das Vibrato beim Blasen bekommen haben, üben Sie es auch beim Ziehen. Alles über diese Art von Vibrato erfahren Sie im Video (Video 8).

Ich hoffe, dass Sie es verstanden haben! Im Allgemeinen sind Vibrato und Triller Techniken, die separat geübt werden müssen. Nehmen Sie sich etwas Zeit, setzen Sie sich hin und arbeiten Sie daran. Solche ausdrucksstarken Spieltechniken werden Sie nicht über Nacht entwickeln können. Aber Sie müssen auch nicht stundenlang dasitzen und sie bis zur Perfektion verfeinern. Sobald Sie spüren, dass es anfängt zu klappen, setzen Sie es sofort in die Tat um. Kommen wir zum Ihnen bereits bekannten Video, in dem wir die erste Art von Vibrato improvisiert haben. Jetzt arbeiten wir an der Perfektionierung der zweiten Vibrato-Art (Video 12).

Video 12

Ich gebe Ihnen noch einen Hinweis zum Thema Vibrato. Beim Mitspielen sollte das Tempo des Vibratos schneller sein als das Tempo der Musik. Das Vibrato scheint dem Tempo der Melodie oder des Instrumentalstücks, das Sie spielen, etwas voraus zu sein und es zu überholen. Das ist ein wichtiger Punkt. Stimmt das wellenförmige „Schwingen" der Vibration mit dem Tempo des Stückes überein, wandelt sich das Vibrato in separate, rhythmische Unterklänge. Achten Sie darauf, wenn Sie zuhören, wie ich und andere Musiker Vibrato spielen, und versuchen Sie, dasselbe zu tun.

Viel Glück und bis zur nächsten Lektion!

TEIL II

𝄞 DRITTE KREUZSTELLUNG (DORISCHES-MOLL) 𝄞

Lektion 7

Die nächsten drei Lektionen konzentrieren sich hauptsächlich auf die 3. Kreuzposition auf der Mundharmonika, die Position des dorischen Molls.

Es lohnt sich hier klarzustellen, dass die Mundharmonika drei Grundpositionen hat:

I. Die erste, auch Dur-Position genannt. Alle vorherigen Lektionen waren diesem Thema gewidmet. Wir spielten in der Tonart C-Dur, die mit der Stimmung unseres Instruments übereinstimmte. Alle Lieder und Improvisationen waren in dieser Tonart. Diese Position wird zum Spielen einfacher Melodien in Dur-Tonarten in der Volks- und Country-Musik sowie in der deutschen und anderen europäischen Volksmusik verwendet.

II. Die zweite Position oder Blues-Position. In dieser Position spielen wir Blues (Dur-Blues), Country, Funk, Rock, Rock and Roll. Diese Position auf der Mundharmonika wird auch „zweite Kreuzposition" genannt, da die Töne des Musikstücks und der darin verwendeten Mundharmonika nicht übereinstimmen. Mit der „C"-Mundharmonika lassen sich insbesondere Stücke in der Tonart „G" spielen. Wir werden dies im dritten Teil des Buches besprechen.

Die zweite Position ist wahrscheinlich die am häufigsten verwendete und beliebteste von allen. Ich bin sicher, dass auch Sie die Mundharmonika in die Hand genommen haben, nachdem Sie sie in dieser Kreuzposition spielen hörten. Aber so attraktiv sie auch ist, so schwierig ist sie auch zu meistern. Deshalb werden wir damit beginnen, nachdem wir die dritte Position gelernt haben, die viel einfacher ist.

III. Die Dritte Position, manchmal auch als Dorisches-Moll oder „dritte Kreuzposition" bezeichnet. Es wird verwendet, um traurige, Moll-Melodien sowie Moll-Blues, keltische und skandinavische Musik zu spielen.

Es ist ganz logisch, jetzt die Moll-Tonarten zu lernen, nachdem wir uns mit der Dur-Tonart vertraut gemacht haben, in der wir alle vorherigen Melodien gespielt haben. Das ist auch angebracht, denn die Lektion ist nicht besonders schwierig und wir werden nicht viel Zeit darauf verwenden. Andererseits erhalten wir im Gegensatz zu vielen anderen Spielern Zugriff zu allen Moll-Stücken! Viele Leute, die zur Mundharmonika greifen, bleiben in der zweiten Position stecken und schaffen es nie, die dritte zu erreichen.

Beginnen wir mit dem Spielen der dorischen Moll-Tonleiter. Es wird uns sofort in einen Moll-Sound versetzen, der Sie sicher sehr überraschen wird. Sie werden denken: „Wie kann ein so fröhliches Instrument so traurig klingen?" Das geht! Es ist nur ein kleiner Schritt von der Traurigkeit zur Freude. Und in diesem Fall nur ein Ton. Die dorische Tonleiter beginnt, wie alle Dur-Tonleitern, am 4. Loch, allerdings nicht durch Blasen, sondern durch Ziehen, beginnend mit D. Schauen Sie sich das an:

4↓ 5↑ 5↓ 6↑ 6↓ 7↓ 7↑ 8↓
D   E   F   G   A   H   C   D

Track 14

Es stellt sich heraus, dass wir die dorische Moll-Tonleiter auf der „C"-Mundharmonika in D-Moll spielen. Dementsprechend sind auch die Moll-Stücke, die wir auf unserer Mundharmonika spielen können, einen Ton höher als das Instrument, nämlich in der Tonart D-Moll.

Spielen Sie mehrmals die Tonleiter vom 4. bis zum 8. Loch und wieder zurück. Die Haupttöne der Tonleiter, die die Tonart, nämlich Moll, bestimmen (zusammengespielt, bilden sie einen Moll-Akkord), erhält man durch Ziehen. Spielen Sie sie separat:

4↓ 5↓ 6↓ 8↓   8↓ 6↓ 5↓ 4↓
D   F   A   D   D   A   F   D

Das bedeutet, dass man sich beim Spielen von Melodien und Improvisationen in der 3. Kreuzstellung eher auf das Ziehen als auf das Blasen konzentrieren sollte. Die meisten Licks beginnen und enden durch Ziehen (nicht alle, aber die meisten). Um es zu spüren und sicher zu werden, lernen wir ein irisches Seemannslied über einen betrunkenen Seemann (Track 15): „Drunken sailor"

Track 15

6↓ 6↓ 6↓ 6↓ 6↓ 6↓ 6↓ 4↓ 5↓ 6↓

6↑ 6↑ 6↑ 6↑ 6↑ 6↑ 6↑ 4↑ 5↑ 6↑

6↓ 6↓ 6↓ 6↓ 6↓ 6↓ 6↓ 7↓ 7↑ 8↓ 7↑ 6↓ 6↑ 5↑ 4↓ 4↓

/6↓ /6↓ /6↓ 4↓ 5↓ 6↓

/6↑ /6↑ /6↑ 4↑ 5↑ 6↑

/6↓ /6↓ /6↓ 7↓ 7↑ 8↓ 7↑ 6↓ 6↑ 5↑ 4↓ 4↓

Wie wir sehen können, enthält die Melodie sowohl Staccato als auch Slides. Am Ende der ersten Phrasen jedes Refrains spielen wir „4,5,6", zuerst durch Ziehen, dann durch Blasen. Es ist wichtig, es in einem Atemzug, Legato, zu spielen (durch langes Ziehen oder Blasen, einfach die Mundharmonika bewegen und am gewünschten Loch anhalten).

Wie immer gibt es am Ende unserer Unterrichtsstunde eine Improvisation in Moll. Folgen Sie dem Link (Video 14) und spielen Sie mit mir einen Moll-Blues.

Video 14

Viel Glück! In der nächsten Lektion werden wir weiter in die Moll-Tonart eintauchen.

Lektion 8

Diese Lektion ist fast ausschließlich einer sehr wichtigen Mundharmonika-Technik gewidmet, ohne deren Beherrschung wir sie nicht in der 2. Kreuzstellung spielen können. Selbst die dritte Moll-Position wäre ohne sie langweilig, insbesondere wenn es um Blues geht. Man nennt es Bending. Dies ist das erste Mal, dass wir darüber sprechen, obwohl ich es bereits in unseren Improvisationen verwendet habe.

Bending (auf der Mundharmonika) bedeutet eine Absenkung des Tons, den wir gerade spielen, ohne Veränderung des Atems oder des Lochs. Er kann sanft, langgezogen und ohne bestimmte Tonhöhe klingen – mit solchen Bendings erzeugen wir ein Gefühl von Traurigkeit und Melancholie (Track 16). Es kann aber auch ganz konkret, präzise klingen. Mit einem solchen Bending kann man eine Note spielen, die ursprünglich nicht zur Mundharmonika gehört, aber für eine Melodie oder einen Lick benötigt wird (Track 17).

Track 16

Track 17

Das Bending kann bei der Mundharmonika am 1. bis 6. Loch nur durch Ziehen erzeugt werden und am 7. bis 10. Loch nur durch Blasen. Heute werden wir uns speziell mit dem Ziehen der Bendings befassen.

Um ein Bending zu erzeugen (hier beginnen wir noch einmal beim 4. Loch), müssen Sie die Zunge anheben, während Sie den Ton durch Ziehen spielen, sodass die Zungenspitze das Zahnfleisch der Vorderzähne des Unterkiefers berührt (innen natürlich), und der dabei entstandene „Höcker" der Zunge gegen den Gaumen drückt und ein Hindernis für den Luftstrom darstellt. Diese Position der Zunge ähnelt der, wenn wir den Buchstaben „h" im Wort „hier" aussprechen,

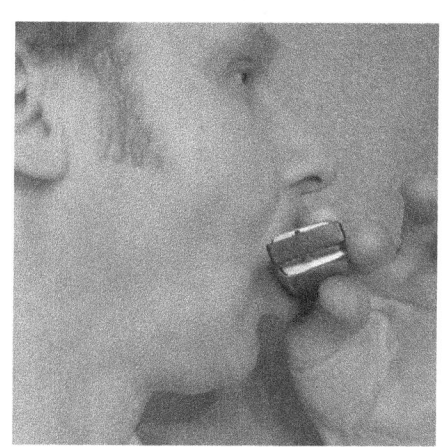

Abbildung 4

mit dem Unterschied, dass wir beim Bending ein sehr langes „h-h-h-h-h-h-h" durch Ziehen erzeugen, die Lippen schürzen, den Unterkiefer senken und die Mundharmonika Richtung Unterlippe neigen (*Abbildung* 4).

Ich weiß, dass das ohne Video schwer zu verstehen ist, daher sollten Sie es sich ansehen und wiederholen (Video 17).

Führen Sie nun ein Bending an jedem Loch durch, vom 1. bis zum 6. Loch (lassen Sie das 5. Loch aus, sonst kann es passieren, dass Sie ein gebrochenes Stimmzungenblatt bekommen und sich eine neue Mund-

Video 17

harmonika besorgen müssen). Spielen Sie zunächst einen sauberen Ton durch Ziehen, senken Sie ihn dann mittels Bending ab und kehren Sie dann wieder zum „sauberen" Ton zurück.

(1↓ 1↯ 1↓)   (2↓ 2↯ 2↓)   (3↓ 3↯ 3↓)   (4↓ 4↯ 4↓)   (6↓ 6↯ 6↓)

Es braucht Zeit, das Bending zu meistern. Üben Sie es regelmäßig und versuchen Sie, den Ton immer weiter abzusenken, sodass das Bending „tiefer" erklingt. Versuchen Sie natürlich, es regelmäßig einzusetzen, insbesondere bei der Improvisation. Gehen Sie zum Video aus der vorherigen Lektion und versuchen Sie, das Bending am 4. und 6. Loch anzuwenden (Video 14).

Track 18

Video 14

Suchen Sie anschließend selbst nach Begleitstücken in der Tonart D-Moll und improvisieren Sie ebenfalls. Dies wird Ihre erste Erfahrung völliger musikalischer Unabhängigkeit sein. Der einfachste Weg, Titel auf YouTube zu finden, besteht darin, einfach folgendes in das Suchfeld einzugeben: Blues in Dm, Slow Blues in Dm, Funk in Dm, Swing in Dm, Soft Rock in Dm und so weiter. Sie werden eine große Anzahl von Begleitstücken in dieser bestimmten Tonart entdecken. Anschließend können Sie das Improvisieren üben und dabei alle Spieltechniken aus Ihrem bereits beeindruckenden Repertoire nutzen.

Viel Glück!

Lektion 9

Lassen Sie uns kurz zusammenfassen, was wir bisher aus dem gesamten behandelten Material gelernt haben.

Im ersten Teil des Buches haben wir…
- gelernt, in einer Dur-Tonart zu spielen.
- die Dur-Tonleiter in zwei Oktaven kennengelernt.
- mehrere Melodien gelernt und in eine höhere Oktave transponiert.
- uns mit folgenden Spieltechniken vertraut gemacht: Staccato, Slide, zwei verschiedene Vibratos, zwei Arten von Trillern;
- das Hauptgeheimnis der Improvisation kennengelernt und ihre Grundlagen erlernt.

Das Einzige, was wir noch nicht angesprochen haben, ist, wie man die Tonleiter in der unteren Oktave spielt. Aber das werden wir jetzt nachholen.

Versuchen Sie zunächst, alle Töne einzeln in der unteren Oktave durchzuspielen. Das Ergebnis sieht folgendermaßen aus: (Track 19):

1↑ 1↓ 2↑ 2↓ 3↑ 3↓ 4↑
C   D   E   G   G   H   C

Track 19

Klingt nicht gerade nach einer Tonleiter, denn die Noten F und A fehlen, und die Note G erscheint zweimal.

Die „Bending"-Technik, die wir in der letzten Lektion gelernt haben, wird uns dabei helfen, die fehlenden Noten hinzuzufügen damit die Tonleiter genau so klingt, wie sie sollte: (Track 20):

1↑ 1↓ 2↑ 2↧ 2↓ 3↧ 3↓ 4↑
C   D   E   F   G   A   H   C

Track 20

(Benden Sie das 2. Loch sehr tief, um einen „F"-Ton zu erzeugen. Das Anblasen im 3. Loch sollte übersprungen werden, um eine Duplizierung der „G"-Note zu vermeiden.)

In der umgekehrten Tonleiter müssen Sie den Fingersatz ein wenig ändern, um die Ausführung zu erleichtern. Hier ist es am besten, ins 3. Loch zu blasen und das saubere Ziehen am 2. Loch auszulassen. Grundsätzlich machen wir nach dem Einblasen in das 3. Loch sofort ein tiefes Bending am 2. Loch (T. 21):

4↑ 3↓ 3↳ 3↑ 2↳ 2↑ 1↓ 1↑
C   H   A   G   F   E   D   C

Track 21

Das war's! Jetzt wissen Sie, wie man die Tonleiter in der unteren Oktave spielt und wir können sie auch anwenden! Ach ja, wie klappt das Ziehen am 2. Loch? Erhalten Sie einen sauberen Ton oder, wie bei den meisten Leuten, eher nicht? Wenn Sie statt einer sauberen Note eine ungewolltes Bending erhalten und nicht wissen, was Sie dagegen tun sollen, dann ist dieses Video genau das Richtige für Sie: (Video 18).

Video 18

Fügen wir noch einen weiteren Trick zu Ihren Spiel- und Improvisationsfähigkeiten in der Dur-Tonart hinzu. Ich nenne diesen Trick „Looper". Es handelt sich um einen beliebten Trick, bei dem es sich im Grunde um eine natürliche Wiederholung einer spontan gespielten Phrase handelt. Es wäre wahrscheinlich langwierig und sinnlos, es auf dem Papier zu beschreiben – da es sowieso wenig Sinn ergeben würde. Solche Dinge sollten nur gezeigt werden (Video 19).

Video 19

Im zweiten, kompakteren Teil dieses Buches, der der 3. Kreuzstellung gewidmet war, haben wir...
- gelernt, die drei Grundpositionen des Mundharmonikaspiels zu meistern.
- die dorische Molltonleiter (die gebräuchlichste Tonleiter für das Spielen in Moll auf der Mundharmonika) kennengelernt.
- herausgefunden, wo diese Kreuzposition verwendet wird.
- die erste Melodie in Moll gelernt.
- eine sehr wichtige Bending-Technik beim Ziehen erlernt und in der Improvisation angewendet. Außerdem haben wir sie in der aktuellen Lektion auf die Dur-Tonleiter in der unteren Oktave angewendet.

Hier erfahren Sie etwas mehr über die 3. Position:

Wir haben die dorische Moll-Tonleiter nur in einer Oktave gespielt, nämlich vom 4. bis zum 8. Loch. Sie „passt" nicht in die obere Oktave, aber das bedeutet nicht, dass wir die Töne der Löcher 8 bis 10 in dieser Position nicht verwenden. Natürlich machen wir das! Die Mundharmonika klingt in der höheren Oktave in Moll großartig, auch wenn die Tonleiter nicht bis zum Ende reicht. Sie können Ihre Moll-Improvisationen auf allen Löchern vom 4. bis zum 10. anwenden.

Andererseits wäre es am besten, das Abwärtsspielen vorerst zu überspringen. Obwohl das 1. Loch durchaus in Ordnung zu sein scheint, fehlen dem 2. und 3. Loch die wichtigsten Töne für Moll, nämlich F und A. Ja, man kann sie mit Hilfe des Bendings „herausquetschen", aber es wird schief und gequetscht klingen, besonders im Vergleich zu allen anderen Tönen der Tonleiter. Verzichten Sie also vorerst darauf, die untere Oktave in Moll abwärts zu spielen – es wird nicht viel Gutes dabei herauskommen.

Zum Abschluss dieser zusammenfassenden Lektion möchte ich erwähnen, dass sich bei manchen Liedern oder Instrumentalstücken die Tonart mitten im Spiel ändern kann. Dies wird als „Modulation" bezeichnet. Beispielsweise kann ein Lied mit jeder neuen Strophe einen Halbtonschritt oder einen ganzen Ton höher werden. Manchmal geschieht es nur einmal, meistens irgendwo vor der letzten Strophe im Lied. Was können Sie tun, wenn Sie anfangen, dieses Stück zu lernen? Sie müssen lediglich Ihre Mundharmonika spontan austauschen und das benötigte Instrument, das Sie im Voraus bereitgelegt haben, aus der Tasche holen. Wenn Sie keine solche Mundharmonika haben, legen Sie einfach eine Spielpause ein, sobald Sie eine Modulation hören. Leider gibt es keine dritte Option.

Es kann aber auch vorkommen, dass die Tonart alterniert und beispielsweise zwischen Dur und Moll hin und her wechselt. Wenn es zwischen C-Dur und dem parallelen dorischen Dm wechselt, dann passt Ihre Mundharmonika genau dazu. Tatsächlich haben wir genau das schon einmal gespielt! Bei „Drunken Sailor". Erinnern Sie sich? Die zweite Zeile in jedem der beiden Refrains war in C-Dur.

Nun üben wir diese Improvisation mit einem Tonartwechsel von C zu Dm. Auch dazu haben wir ein spezielles Video (Video 16).

Video 16

Mein Freund! Wenn Sie alle Aufgaben gewissenhaft erledigt und alle Audio- und Videoaufnahmen durchgearbeitet haben, dann möchte ich Sie beglückwünschen – Sie spielen bereits Mundharmonika und zwar gut! Das Ziel Ihres Unterrichts ist erreicht. Sie haben bereits selbst Freude am Spiel und machen auch anderen eine Freude. Jetzt müssen Sie nur noch lernen, noch besser zu spielen, indem Sie die 2. Kreuzposition beherrschen. Dem wird sich der dritte Teil unseres Buches widmen.

TEIL III

𝄞 ZWEITE KREUZSTELLUNG. „BLUES-POSITION" 𝄞

Wir sind bei der 2. Kreuzposition, oder im Volksmund „Blueslage" auf der Mundharmonika angelangt. In diesem Buch beschäftigen wir uns vor allem mit der musikalischen und technischen Komponente des Blues und Blues-Sounds. Vielleicht möchten nicht alle von Ihnen Blues spielen und müssen ihn nur deshalb erlernen, weil er die harmonische und rhythmische Grundlage für fast alle populären Musikrichtungen ist und sicherlich, zumindest ein wenig, die gesamte Weltmusik durchdrungen hat. Aber andererseits gibt es auch diejenigen, für die das Erlernen des Bluesspielens das Hauptziel war und ist. Um das Buch einem breiteren Publikum verständlich zu machen, habe ich mich entschieden, die Philosophie des Blues Ihrem unabhängigen Studium zu überlassen. Es gibt genügend Literatur und Filme zu diesem Thema. Recherchieren Sie, hören Sie es sich an, schauen Sie es sich an. Wenn Blues wirklich Ihr bevorzugter Stil ist, wird er den Weg zu Ihrem Herzen finden.

Lektion 10

Wie ich oben erwähnt habe, ist die 2. Kreuzposition der Grund, warum viele von Ihnen sich überhaupt dafür entschieden haben, Mundharmonika spielen zu lernen. Es ist unmöglich, diese Position auf Anhieb zu beherrschen, da man ohne Bendings nicht einmal eine Tonleiter der 2. Position spielen könnte. Und diese Tonleiter klingt so (Track 22):

2↓	3↡	4↑	4↡	4↓	5↓	6↑
G	B	C	D♭	D	F	G

Track 22

Wie Sie am ersten Ton erkennen können, handelt es sich um eine Blues-Tonleiter in der Tonart G. Ja, wir spielen die G-Blues-Tonleiter auf der C-Mundharmonika. Folglich werden die Blues, die wir spielen werden, alle in der Tonart G sein.

Es gibt nur 6 Noten in der Blues-Tonleiter, nicht 7, wie wir es von den anderen beiden Tonleitern gewohnt sind. Gleichzeitig werden fast alle dieser Noten mittels Ziehen gespielt, zwei davon mit Hilfe eines Bendings. Das ergibt eine Halbtonabsenkung der Töne H und D, um B bzw. D♭ (Des) zu erhalten. Um den durch das Bending abgesenkten Ton auf einmal spielen zu können, ist es notwendig, vor dem Bending eine entsprechende „Haltung" mit dem Mund zu erzeugen und erst dann zu benden. Sie werden nicht in der Lage sein, sofort ein sauberes Bending in der gewünschten Tiefe zu erzielen. Sie müssen daran arbeiten.

Im Allgemeinen wäre es sinnvoll, diese beiden Bendings separat zu üben und sie dann mit Hilfe eines elektronischen Stimmgeräts in Ihre Tonleiter zu integrieren. Dies ist ein Gerät oder Computerprogramm zum Stimmen von Instrumenten. Das Stimmgerät kann auch als Smartphone-App im Internet heruntergeladen werden. Es zeigt Ihnen genau an, welche Note Sie gerade spielen. Üben Sie mit dem Stimmgerät, die Noten B und D♭ zu spielen, und merken Sie sich, wie sie klingen.

Wenn Sie die Tonleiter richtig beherrschen, können Sie mit dem Spielen von Blues-Licks beginnen. Das Spielen von Licks in der 2. Position kann Ihnen dabei helfen, Ihren technischen Fortschritt beim Bluesspiel zu verbessern. Ich werde Ihnen in diesem Buch einige aufgeschlüsselte Licks an die Hand geben. Den Rest können Sie mittels des Gehörs aus den Aufnahmen der Musiker, die Sie mögen, heraushören.

4↓ 4↡ 4↑ 3↑ 3↡ 2↓   *(Track 23)*

2↓ 6↑ 5↓ 4↓ 6↑ 5↓ 4↓ 3↡ 2↓   *(Track 24)*

6↑ 5↓ 4↓ 4↡ 4↑ 3↑ 3↡ 2↓   *(Track 25)*

4↓ 2↓ 4↑ 2↓ 3↡ 2↓   *(Track 26)*

Track 23   *Track 24*   *Track 25*   *Track 26*

Beim 1. und 3. Lick wird in das 3. Loch geblasen. Wir haben es so nicht in der Tonleiter gespielt, weil es das gleiche G ist wie beim Ziehen ins 2. Loch. Wenn es in einem bestimmten Lick bequemer ist, das G am 3. Loch zu spielen, spielen wir es am 3. Loch. (G ist der einzige Ton auf der Mundharmonika, der vollständig dupliziert ist, sodass er sowohl beim Ziehen als auch beim Blasen gespielt werden kann. In der deutschen Volksmusik wird es auf diese Weise verwendet. Aber auch im Blues ist es sehr hilfreich.) Im 2. Lick haben wir einen Oktavsprung (vom 2. zum 6. Loch). Wir werden uns an diese Art von Sprung gewöhnen. Im Blues ist das die Norm. Häufiger werden sogar solche Intervalle mit einem Slide aufgenommen. Versuchen Sie es einfach.

Der dritte Lick ist tatsächlich eine umgekehrte Blues-Tonleiter mit kleinen Änderungen am Ende.

Spielen Sie diese Licks, bis Sie sie richtig beherrschen. Sie müssen sie nicht alle auswendig lernen. Es reicht aus, sie in unser Kurzzeitgedächtnis zu laden, wie wir es beim Looper-Thema getan haben – sodass man sich nach der ersten Darbietung durch Tabulatoren an das Lick erinnert und es natürlich wiederholt, ohne auf das Papier schauen zu müssen.

Ein Fehler, den viele Leute beim Spielen von Licks machen, besteht darin, sie auswendig zu lernen und dann zu versuchen, daraus eine Art „Improvisation" zu machen. Das ist nicht der richtige Weg. Natürlich können und werden wir einige vorgefertigte Blues-Licks in einem Solo verwenden, insbesondere wenn wir ein berühmtes Lied spielen und dieser Lick das Haupthighlight darin ist. Aber wir werden uns nicht in diese Richtung bewegen, und die ganze Zeit so spielen ... wie soll ich sagen ... so eine Art Kombinatorik. Überlassen wir die Kombinatorik der Mathematik und Analytik, wo sie hingehört. In der Musik sollte Inspiration an erster Stelle stehen! Aber es braucht etwas „technische Unterstützung". Deshalb spielen wir Licks, um in die Harmonie und den Klang des Stils einzutauchen, in dem wir improvisieren werden.

Am Ende der Lektion schauen wir uns die 3. Art des Vibratos an – das Kehlkopfvibrato. Es wird manchmal auch „Bending-Vibrato" genannt, hauptsächlich wegen der gemeinsamen Arbeit von Kehle und Zunge beim Ziehen. Der Ton beginnt sich nach unten zu bewegen und wir hören die Vibration aufgrund des Tonhöhenkontrasts (tiefer-höher-tiefer-höher...). Allerdings wird dieser Effekt vom 1. bis zum 6. Loch nur beim Ziehen erzielt. Beim Blasen ähnelt dieses Vibrato im Klang dem Atemvibrato, hat aber dennoch seinen eigenen spezifischen Klang.

Diese Art von Vibrato wird im Video 9 ausführlich erklärt. Schauen Sie sich also zuerst das Video an.

Video 9

Hier werden wir nur die Grundprinzipien des Kehlkopfvibratos zusammenfassen:
- Die wellenförmige Blockierung des Luftstroms erfolgt ausschließlich mit der Kehle. Weder Hände noch Atem helfen dem Hals dabei.
- Um diese Art von Vibrato zu erzeugen, müssen Sie beim Blasen (oder Ziehen) die Kehle rhythmisch schließen und öffnen, als würden Sie ein kurzes „ah-ah-ah-ah-ah-ah-ah-ah" (Glottisschlag) aussprechen. Wir tun dies auf natürliche Weise, wenn wir leise, quasi flüsternd, husten.
- Wenn Sie beim Spielen dieser Art von Vibrato beim Ziehen eine „Bending-Haltung" in Ihrem Mund erzeugen, wird der Ton gekrümmt und beginnt, bluesig zu klingen.

Geben Sie Ihr Bestes beim Üben und wir sehen uns in der nächsten Lektion!

Lektion 11

Beginnen wir die Lektion damit, dass wir lernen, wie man eine Blues-Tonleiter mit zwei Oktaven spielt. Sie lässt oben einen Ton aus und sieht so aus: (Track 27)

6↑ 7↯ 7↑ 8↓ 9↓ 9↑
G B C D F G

Track 27

Das Bending am 7. Loch ist zaghaft, überhaupt nicht tief, eher wie eine „Andeutung" eines Bendings. Am 8. Loch wird es nicht funktionieren, also überspringen wir einfach die Note D♭ – sie existiert in der oberen Oktave nicht.

Spielen wir nun zwei-oktavige Tonleiter: (Track 28)

2↓ 3↯ 4↑ 4↯ 4↓ 5↓ 6↑ 7↯ 7↑ 8↓ 9↓ 9↑
G B C D♭ D F G B C D F G

Track 28

Ist es völlig unmöglich, Bendings in der oberen Oktave zu spielen?

Gar nicht! Sie können und sollten sie spielen, aber Sie können sie vom 7. bis zum 10. Loch nur beim Blasen spielen. Das werden wir jetzt lernen.

Diese Art des Bendings wird Overbend genannt. Wir beginnen am 7. Loch. Um einen Overbend zu spielen, müssen Sie einfach ein Bending machen, während Sie blasen! So einfach ist das, oder? Wir „buckeln" unsere Zunge in die Bending-Stellung und blasen. Die einzige Nuance besteht darin, dass der Zungenbuckel diesmal näher an den Zähnen liegen sollte als beim Spielen von Bendings auf den tieferen Löchern. Die Position der Zunge ist ähnlich wie beim Aussprechen des Buchstabens „U" (Track 29). Dann folgen Sie einfach den Bending-Regeln, die Sie bereits kennen. Es sollte ungefähr so klingen: (Track 30).

7↑ 7↯ 7↑

Track 29   *Track 30*

Dieses Bending ist schwer zu halten. Die kleinste zusätzliche Bewegung der Zunge kann dazu führen, dass sie „abrutscht". Das bedeutet, dass Sie möglicherweise ein wenig schuften müssen, bevor Sie es richtig hinbekommen.

Spielen wir nun auf jedem Loch der oberen Oktave einen Overbend: (Track 31)

7↑ 7⤉ 7↑

8↑ 8⤉ 8↑

9↑ 9⤉ 9↑

10↑ 10⤉ 10↑   Der letzte Overbend ist normalerweise der schwierigste.

Track 31

Üben Sie Ihre Overbends. Wir werden sie brauchen.
Und jetzt noch ein paar Blues-Licks für Sie:

2↓ 2⤈ 2↓ 3⤈ 2↓ 2↓ 2⤈ 2↓ 3⤈ 3⤈ 2↓   *(Track 32)*

╱5↓ ╱4↓ ╱4↑ 3⤈ 2↓ 2⤈ 2↓   *(Track 33)*

4⤈ 4↓ 4⤈ 4↓ 4⤈ 4↑ 3↑ 3⤈ 2↓ 2⤈ 1↓   *(Track 34)*

Track 32   *Track 33*   *Track 34*

Sind Sie noch da? ☺

Jetzt atmen wir erst einmal durch und improvisieren endlich den Blues!

Ausgehend von der ersten Improvisation in der 2. Kreuzposition werden wir uns weiterhin an die Selbständigkeit gewöhnen, die beim Lernen sehr wichtig ist. Irgendwann ist das Buch schließlich zu Ende, aber das Musizieren muss weitergehen. Darauf müssen Sie vorbereitet sein! Jetzt müssen Sie nicht nur ohne meine Anweisungen spielen, sondern auch eine Begleitspur in der richtigen Tonart finden.

Suchen Sie auf YouTube nach „Blues in G", „Shuffle in G", „Slow Blues in G" oder „Funky in G". Klicken Sie auf einen der vorgeschlagenen Titel und hören Sie dabei zu, wie die Mundharmonika in Kreuzposition mit der Tonart G verschmilzt.

Das Wichtigste beim Spielen ist, die geübten Licks zu vergessen und einfach mehr mittels Ziehen zu spielen, natürlich im Wechsel mit Blasen. Es liegt ganz bei Ihnen! Letztendlich ist es das, was das Improvisation ausmacht.

Haben Sie keine Angst! Niemand wird Sie kritisieren, da Sie niemand hören kann. Nicht mal ich. Und was am wichtigsten ist: Wenn Sie nicht die richtige Note in Ihrer Blues-Tonleiter treffen, werden Sie den Blues nicht falsch spielen, da er zwei parallele Tonleitern verwendet! Wenn man eine Note verfehlt, trifft man automatisch die andere.... Genau darum geht es in der nächsten Lektion.

Spielen Sie also mehr indem Sie ziehen und denken Sie nicht viel über andere Dinge nach.

Viel Glück!

Lektion 12

Wie ich bereits erwähnt habe, verwendet der Blues zwei Tonleitern gleichzeitig. Eine davon ist die Blues-Tonleiter, die Sie bereits kennen. Die andere wird Dur-Pentatonik genannt. Diese Tonleiter hat den gleichen Grundton (erste Note einer Tonleiter) wie die Blues-Tonleiter. Sie beginnt am 2. Loch und geht bis zum 6. Loch und dann bis zum 9. Loch. Aber die Pentatonik hat, wie der Name schon sagt, nur 5 Töne pro Oktave. Drei davon passen zu den Klängen der Blues-Tonleiter, die anderen beiden nicht.

Hier ist diese Tonleiter: (Track 35).

2↓ 3♭ 3↓ 4↓ 5↑ 6↑
G A H D E G

Track 35

Es ist keine schwierige Tonleiter, daher können Sie sie, sobald Sie sie verinnerlicht haben, in der zweiten Oktave anwenden, ohne sie benden zu müssen: (Track 36)

6↑ 6↓ 7↓ 8↓ 8↑ 9↑
G A H D E G

Track 36

Kombinieren Sie sie nun zu zwei Oktaven: (Track 37)

2↓ 3♭ 3↓ 4↓ 5↑ 6↑ 6↓ 7↓ 8↓ 8↑ 9↑
G A H D E G A H D E G

Track 37

Spielen Sie diese Tonleiter so lange, bis Sie sie auswendig gelernt haben. Sobald Sie sie verinnerlicht haben, können wir mit einem neuen pentatonischen Stück fortfahren. Es handelt sich um die klassische religiöse Hymne „Amazing Grace". (Track 38)

1↓ 2↓ 3↓ 3♭ 2↓ 3↓ 3♭ 3↑ 2↑ 1↓

1↓ 2↓ 3↓ 3♭ 2↓ 3↓ 3♭ 3↓ 4↓

3↓ 4↓ 3↓ 3♭ 3↓ 3♭ 3↑ 2↑ 1↓

Track 38

1↓ 2↑ 2↓ 3↓ 3♭ 2↓ 3↓ 3♭ 2↓

Achten Sie besonders auf den Lick 3↓ 3↯ 2↓ 3↓. Er kommt in der Melodie dreimal vor und ist, wie die Praxis gezeigt hat, die schwierigste Stelle, ... Üben Sie diese Phrase separat, dann wird das Stück schon klappen.

Wenn Sie das Lied gelernt haben, gehen Sie zu den Blues-Licks über, bei denen die Töne zweier Tonleitern gleichzeitig gespielt werden. Dies sind die Licks, die am häufigsten verwendet werden. Ich bin mir sicher, dass es keinen einzigen Blues-Lick gibt, bei dem die Mundharmonika nur pentatonisch oder nur in der Blues-Tonleiter gespielt wird. Die Pentatonik füllt im Wesentlichen die Mundharmonika-Lücken, die die Blues-Tonleiter hinterlässt. Das melodische Muster im Lick pendelt zwischen den beiden Tonleitern hin und her, und das Ergebnis ist eine sehr natürliche und ausgewogene Verflechtung der beiden Harmonien.

2↓ 3↓ 4↓ 5↑ 6↑   5↑ 4↓   4↑ 3↓   2↓ 4↑   3↑ 3↯   2↓ 2↑   2↓   *(Track 39)*

4↯4↓   4↯4↓   6↑ 5↓ 4↓   6↑ 5↓   5↑ 4↓   4↑ 3↓   2↓ 4↑   3↑ 3↯   2↓   *(Track 40)*

╱5↓   5↑4↓3↓   ╱5↓   5↑ 4↓   4↑ 3↓   2↓ 2↯   *(Track 41)*

Track 39   *Track 40*   *Track 41*   *Video 21*

Am Ende der Lektion wird es wieder Zeit zu improvisieren. Dieses Mal möchte ich mit Ihnen zusammenspielen.

Sie können dieses Video sowie alle vorherigen für alle zukünftigen Improvisationen in neuen Lektionen verwenden. Ich reduziere absichtlich nicht den Bestand an Techniken und verwende alle, wenn ich improvisiere. Andernfalls klingen die Solos unnatürlich und schulmäßig. Niemand genießt so ein „Solo". Mich macht es nicht glücklich, und Sie werden nicht motiviert, Fortschritte zu machen. Wenn Sie möchten, können Sie nach jeder Lektion auch zu den vorher gezeigten Videos zurückgehen: Hören Sie sich an, wie ich spiele, erkennen Sie die Techniken, die Sie bereits kennen, und versuchen Sie, sie zu wiederholen. Solche Wiederholungen, ohne Tabulatorhilfen, kommen immer häufiger vor. Sie fangen an, sich endgültig vom Notenblatt zu lösen! (Video 21)

Lektion 13

In dieser Lektion schauen wir uns einige der typischen Blues-Licks und rhythmischen Riffs an, auf die Sie sich jederzeit beziehen können und die Sie sich nach und nach aneignen können.

Was sind überhaupt Riffs? Ein Riff ist ein sich ständig oder periodisch wiederholender melodischer Lick. Dieser Lick hat einen klaren, unveränderlichen Rhythmus und wird im gleichen Tempo gespielt. Das Riff ist eine Art melodische Grundlage für den Beat, das Tempo des Musikstücks. Bis auf das Riff kann sich alles im Song ändern.

Das Riff kann mit einem Akkordwechsel im Blues nach oben oder unten transponiert werden (diesem Akkord folgend), es kann aber auch während des gesamten Stücks gleich bleiben.

Es gibt viele Riffs auf der Mundharmonika und jeden Tag kommen neue hinzu. Wir schauen uns die beliebtesten und am häufigsten verwendeten an.

4↓ 5↓ 4↓ 5↓ 6↑   Es ist schwer, die Anzahl der Blues-Songs zu zählen, in denen dieses Riff verwendet wird. (Track 42)

2↓ 2↓ 6↑ 5↓ 6↑   In Erinnerung an B.B. King. (Track 43)

╱4↑ 3↓ 2↓ ╱4↑ 3↓ 2↓   Sie kennen dieses Riff aus „Route 66", aber es ist nicht nur dort zu hören. (Track 44)

2↓ ╱4↑ 3↯ 2↓   Zwei ähnliche und häufig gespielte Riffs. (Track 45)

2↓ 4↑ 3↑ 3↓ 2↓   *(Track 46)*

4↯ 4↓ 4↓ 4↯ 4↓ 4↓ 4↯ 4↓ 4↓ 4↯ 4↓ 4↓ 3↓ 2↓   *Track 42*

Dies ist eher eine rhythmische Phrase als ein Riff, aber es erfüllt die gleiche Funktion, außer dass es nicht das ganze Stück vom Anfang bis zum Ende durchdringt, wie es bei Riffs der Fall ist. Die Phrase beginnt mit vier aufeinanderfolgenden Triolen am 4. Loch **(4↯4↓4↓).** Um eine Triole zu bilden, muss man so ziehen, als würde man die Silben „to-we-tee to-we-tee to-we-tee to-we-tee to-we-tee" aussprechen. (Track 47)

5↓ 5↑ 4↓ 5↓ 5↑ 4↓ 5↓ 5↑ 4↓ 5↓ 5↑ 4↓ 3↓ 2↓

Eine ähnliche Variante. Hier wird die Triole am 5. und 4. Loch gespielt und jede Triole sollte mit der Silbe „tee" beginnen, um sie voneinander zu trennen. (Track 48)

2↓ 2↓ 3↓ 3↓ 4↓ 4↓ 5↑ 5↑ 5↓ 5↓ 5↑ 5↑ 4↓ 4↓ 3↓ 3↓

(Track 49) Dies ist eine Blues-Basslinie. Um sie im Shuffle-Rhythmus (dem Grundrhythmus des Blues) zu spielen, müssen Sie es zunächst ohne Shuffle spielen: (Track 50)

2↓ 3↓ 4↓ 5↑ 5↓ 5↑ 4↓ 3↓

Danach wird jede Note rhythmisch verdoppelt und man erhält dabei die ursprünglich gezeigte Basslinie.

Lassen Sie uns unsere Lektion abrunden, indem wir 4 Turnarounds lernen.
Ein Turnaround ist normalerweise ein Lick, der oft am Ende eines Blues-Squares (in den letzten beiden Takten) gespielt wird und uns zu einem neuen Square oder einer Coda führt.
Sie haben vielleicht gehört, dass Blues nicht aus Strophe und Refrain besteht, sondern aus identischen Squares mit einer Standardanzahl von Takten. Ein Square ist im Wesentlichen das Analogon eines Verses. Ein Vers braucht einen Refrain (zumindest ab und zu), während ein Square keinen braucht – er ist autark.
Ein Square hat in der Regel 12, 16 oder 8 Takte. Es gibt Bluesstücke mit 9, 11 und 15 Takten. Aber sie sind selten. Die häufigste Form des Blues ist die 12-taktige Form. In den letzten beiden Takten klingen die Turnarounds so. (Wenn Sie nicht wissen, was ein Takt ist, und nicht verstehen, worum es in diesem letzten Absatz geht, machen Sie sich keine Sorgen. Sie können hören, wann ein Square endet, oder? Das ist der Moment, in dem der Turnaround als letzte Phrase gespielt wird.)
Lassen Sie uns die vier beliebten Turnarounds aufschlüsseln.
Die ersten beiden basieren auf der Basslinie und werden unisono (gleichzeitig) mit dem Bass gespielt:

2↓ 2↓ 3↓ 3↓ 4↑ 4↑ 4↯ 4↯ 4↓ 2↯ 1↓ (Track 51)

6↑ 6↑ 5↓ 5↓ 5↑ 5↑ 4↯ 4↯ 4↓ 2↯ 1↓ (Track 52)

Und ein paar schöne Triplett- Turnarounds.

2↓ 2↓ 3↓ 2↓ 3↓ 4↑ 3↑ 4↑ 3↓ 2↓ 3↓ 2↓ 2↯ 1↓ (Track 53)

2↓ 2↓ 3↓ 2↓ 3↓ 4↑ 3↑ 4↑ 4↯ 3↑ 4↯ 4↓ 2↯ 1↓ (Track 54)

Am besten merken Sie sich diese Riffs und Turnarounds und hören viel Musik (Sie sollten lernen, aufmerksam zuzuhören, um bekannte Licks und Turnarounds im Spiel anderer Künstler zu entdecken). Versuchen Sie noch einmal, mit der Begleitung und meinen Videos zu improvisieren und üben Sie immer weiter.

Lektion 14

In dieser Lektion erforschen wir Techniken wie Zungenblockieren und Oktavspiel. Eine dieser Techniken leitet sich von der anderen ab und sie sind daher für immer miteinander verbunden.

Um zwei oder mehr benachbarte Klänge auf der Mundharmonika zu spielen, müssen Sie nur Ihre Lippen weiter um die Mundharmonika legen, damit die Luft nicht in eines, sondern in mehrere Löcher gleichzeitig gelangt....

Aber was machen wir, wenn wir ein längeres Intervall spielen müssen? Beispielsweise um eine Oktave zu spielen, um also gleichzeitig in das 1. und 4. Loch zu blasen.

(1)(X)(X)(4)

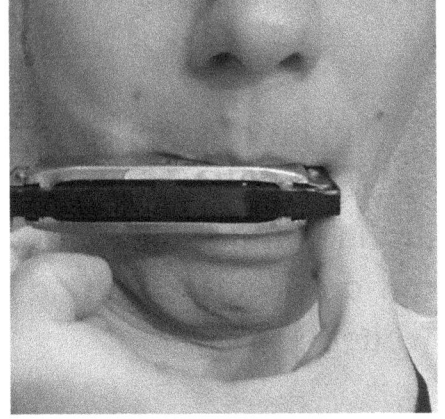

Abbildung 5

Dazu müssen Sie die Ränder Ihres Mundes weit spreizen (wie bei einem albernen Lächeln) und die Mundharmonika tiefer in Ihren Mund schieben (so weit, dass Sie beim Versuch, den Mund zu schließen, mit den Zähnen auf die Deckel der Mundharmonika beißen würden) und verschließen Sie das 2. und 3. Loch mit Ihrer Zunge, d. h. verstopfen Sie einfach beide Löcher mit Ihrer Zunge. (Abbildung 5) In dieser Position wandert der Ton beim Blasen entlang der Wangen durch die Mundränder in das nicht blockierte 1. und 4. Loch und erzeugt eine Oktave. (Track 55).

Lassen Sie die Oktave durch Blasen und Ziehen erklingen. Wenn Sie nur einen Ton hören, bedeutet das, dass Sie Ihre Lippen nicht weit genug um die Mundharmonika gelegt haben. Wenn 3 oder 4 Laute erklingen, hat Ihre Zunge das 2. und/oder 3. Loch nicht abgedeckt. Ertasten Sie mit einer weichen, aber auch nicht ganz entspannten Zunge gleichzeitig die beiden Löcher, die sie verschließt.

Eine Oktave erklingt selten sofort. Wenn es nicht funktioniert, verzweifeln Sie nicht, sondern versuchen Sie es weiter! Man muss es fühlen. Umschließen Sie die Mundharmonika weit mit Ihren Lippen und heben und senken Sie Ihre Zunge. Finden Sie die Position, an der die Oktave am besten klingt.

Wenn Sie Erfolg haben, spielen Sie beim Ausatmen 4 Oktaven hintereinander, wobei Sie das Instrument zu den richtigen Löchern bewegen. Wichtig ist, dass jetzt nicht nur die Lippen, sondern auch die Zunge auf der Mundharmonika gleitet.

→

(1)XX(4) → (2)XX(5) → (3)XX(6) → (4)XX(7)   *(Track 56)*

←

Spielen wir nun die Tonleiter in Oktaven. Eine reguläre Dur-Tonleiter. Ich werde es hier duplizieren und mich dabei auf den am weitesten rechts vom zu spielenden Intervall liegenden Ton konzentrieren:

→

...4↑ ...4↓ ...5↑ ...5↓ ...6↑ ...6↓ ...7↓ ...7↑   *(Track 57)*

←

Das mit dem Zungenblock gespielte Intervall kann auch breiter als eine Oktave sein. Es hängt allein von der Breite des Mundes und der Fähigkeit der Zunge ab, 3 oder mehr Löcher zu verschließen. Versuchen Sie, das Intervall beim Ausatmen und beim Einatmen zu verlängern und umgekehrt zu verkürzen: (Track 58)

→

(1)XX(4)↑ → (1)XXX(5)↑ → (1)XXXX(6)↑   *(Track 58)*

←

→

(1)XX(4)↓ → (1)XXX(5)↓ → (1)XXXX(6)↓

←

Track 55   Track 56   Track 57   Track 58

Das Spielen von Oktaven wird häufig in rhythmischen Riffs verwendet. Versuchen Sie, ein paar enthaltene Beispiele nachzuspielen (sie folgen in der Aufnahme nacheinander): (Track 59)

(2)XX(5)↓   (2)XX(5)↓   (2)XX(5)↑   (2)XX(5)↑
(1)XX(4)↓   (1)XX(4)↓   (2)XX(5)↑   (2)XX(5)↑

Track 59

(1)XXX(5)↓   (1)XXX(5)↓   (1)XXX(5)↑   (1)XXX(5)↑
(1)XX(4)↓   (1)XX(4)↓   (1)XXX(5)↑   (1)XXX(5)↑

Die auf der Mundharmonika bewegten Riffs gehen leicht in spontane Licks über. Wenn Sie in Oktaven spielen, können Sie sich problemlos auf der Mundharmonika bewegen, Atemzüge wechseln, sowie Vibrato, Slides und Triller spielen – und das alles, ohne die Oktavform, sozusagen die Oktavklammer, zu durchbrechen.

Hören Sie sich diesen Titel an und versuchen Sie, etwas Ähnliches zu erstellen (Track 60).

Nicht alles, was auf der Mundharmonika gespielt wird, lässt sich überhaupt mit Tabulaturen darstellen. Die auf Papier niedergeschriebenen komplexen, multirhythmischen Passagen wirken optisch deutlich komplizierter und unübersichtlicher, als sie tatsächlich sind. Deshalb ist es viel schneller und einfacher, es nach Gehör zu erlernen, als sich mit Notation oder Tabulatur herumzuschlagen. Ich will damit aber nicht sagen, dass Papier nicht die emotionale Botschaft, den Ausdruck, das empfohlene Tempo usw. vermittelt. Mit jeder neuen Lektion müssen Sie sich mehr und mehr auf Ihre Ohren und weniger auf Tabulaturen verlassen.

Jetzt improvisieren Sie mit mir einen Blues-Square. Die größte Herausforderung bei dieser Improvisation besteht nun darin, nur Oktaven zu spielen! Los geht's! (Spur 61)

In der nächsten Improvisation kombinieren wir das Oktavspiel mit dem normalen Spiel, ohne Zungenblockierung. Hier kommt es vor allem darauf an, schnell von einer Technik zur anderen zu wechseln. Lassen Sie uns das üben: (Track 62)

Das Spielen mit dem Zungenblock sollte regelmäßig geübt und bei Improvisationen und Riffs eingesetzt werden. Ja, tatsächlich sollten alle Techniken, die wir gelernt haben, regelmäßig geübt werden.

Track 60

Track 61

Track 62

Lektion 15

Hören Sie sich diese „Bösewichte" an! (Track 63)

Heute haben wir eine „Böse Jungs"-Lektion! Ich werde Ihnen beibringen, wie Sie auf der Mundharmonika „freche" Klänge und verschiedene typische Blues- „Spitzen" erzeugen. Schließlich ist Blues wie Jazz voller schriller, scharfer Klänge, die es dem Spieler ermöglichen, seine Gefühle und seinen Schmerz auszudrücken und sich in gewissem Maße beim Zuhörer Gehör zu verschaffen.

Im ersten Track dieser Lektion habe ich gleichzeitig das 4. und 5. Loch mittels Ziehen (45↓) gespielt und habe begonnen, dieses Intervall mit einem Bend zu „manipulieren". Anschließend bin ich paarweise nach unten gewandert (34 ↓, 23 ↓, 12 ↓) und habe sie auch mit Bends „abgeflacht". In der Regel klingen fast alle benachbarten Löcher, die beim Ziehen auf der Mundharmonika aufgenommen werden, recht scharf. Wenn Sie Bends hinzufügen, erklingen „böse" Geräusche. Es ist, als würde man sich „niedergeschlagen" fühlen.

Wie wäre es damit? (Track 64) Ich nenne es einen „wählerischen Bend". Beginnen Sie am vierten Loch. Ziehen Sie mit Hilfe der Zunge, als ob Sie den Buchstaben „U" sehr schnell sagen würden (U U U U U U U ...). Sie werden einen nervösen, hüpfenden Bend erhalten. Probieren Sie es dann unbedingt an anderen „Bend"-Löchern aus.

Wie Sie sehen werden, verwende ich in diesem Track (Track 65) Staccato-Effekte (tuhk tuhk tuhk tuhk tuhk). Und noch ein paar andere Dinge, wie zum Beispiel ein paar „zappelige" Bends. Ich konnte einfach nicht anders. Versuchen Sie es!

Wie wäre es damit? (Track 70). Ich nenne es das „hüpfende Vibrato". Dazu müssen Sie in ein oder mehrere Löcher ziehen oder blasen und die Mundharmonika nervös und rhythmisch von Ihren Lippen wegziehen. Dabei hört die Atmung nicht auf und die Mundharmonika „springt", indem sie sich von den Lippen entfernt und wieder zurückkommt. Es ist nicht schwierig, aber ziemlich spektakulär. Versuchen Sie es!

Lassen Sie uns unseren ersten „bösen Sound" auf einen Lick anwenden, den Sie bereits kennen: (Track 67)

4↕45↓45↓   4↕45↓45↓   4↕45↓45↓   4↕45↓45↓   3↓ 2↓

Wie Sie sehen, verleihen solche Sounds Ihren Licks und Riffs etwas „Würze".

Hier ist ein ähnlicher Lick in der oberen Oktave, der aussieht, als ob man damit nicht viel anfangen kann. Dennoch klingen die oben mit Overbends gespielten Licks für den Hörer immer sehr durchdringend und spannend (Track 68).

9↯ 9↑ 9↑   9↯ 9↑ 9↑   9↯ 9↑ 9↑   9↯ 9↑ 10↑   10↯

Hierbei handelt es sich um den „hektischen Streit" (Track 66). So etwas hat Sonny Terry gerne in Kombination mit „zappeligen Bends" verwendet. Wir ändern einfach sehr schnell unseren Atem, beginnend mit dem Ziehen und bewegen uns chaotisch mit einer kleinen Amplitude um die Mundharmonika herum. Probieren Sie es aus! Einfach machen.

Denken Sie am Ende dieser Lektion daran, alle diese Tricks in Ihren Solos anzuwenden. Steigern Sie jetzt Ihr Spiel mit diesen neuen Techniken, indem Sie sie in der Praxis umsetzen (Track 69).

Nun, es scheint mir, dass wir für heute genug Unfug angestellt haben ☺.

Die Hauptsache ist, beim Spielen der Mundharmonika, insbesondere beim Blues, bereit zu sein, „herumzualbern" und schelmisch zu sein. Es wird sowohl für Sie als auch für Ihre Zuhörer faszinierend sein.

Lassen Sie uns weitermachen!

Lektion 16

Wissen Sie, was mir aufgefallen ist? In allen vorherigen Unterrichtsstunden haben wir dazu tendiert, fast alles zusammen mit Begleitung zu spielen. Das ist nachvollziehbar. Die Mundharmonika ist eher ein Melodieinstrument. Sie können darauf nicht mehr als zwei vollständige Akkorde spielen. Aus diesem Grund wird in der Regel mit einem Instrument gespielt, das Harmonie erzeugt (historisch gesehen, die Gitarre) und auf das man sich als Unterstützung verlassen kann.

Die Mundharmonika kann aber auch a cappella (ohne Begleitung) gespielt werden. Ich würde dringend empfehlen, regelmäßige A-cappella-Solos zu spielen. Nur wenn Sie ganz allein mit Ihrem Instrument sind und niemand Sie ablenkt, können Sie den wahren Charakter der Mundharmonika entdecken und erkennen. Man hört jede Nuance, jedes Schluchzen. Sie können leise spielen und dem Zischen der Luft lauschen, die durch die Mundharmonika strömt. Mit der Mundharmonika kann man ohne weiteres allein sein. Spielen Sie sie alleine. Einsamkeit – wenn nur Sie und Ihre Mundharmonika da sind – ist der beste Weg, den engsten Kontakt zwischen Ihnen und Ihrem Instrument herzustellen. Sie verflechten Ihre Seele mit der des Instruments und sie wird zu ihrer emotionalen Ergänzung.

Video 23

Lassen Sie uns einfach Mundharmonika spielen. Spontan, zackig oder im Gegenteil rhythmisch, ein zufälliges Riff aufgreifend.

Werden Sie eins mit Ihrem Instrument. Hier ist ein Video, das Ihnen den Einstieg erleichtert (Video 23).

Hier sind einige weitere wichtige Solo-Übungstipps. Lassen Sie uns den Looper in der Blues-Position einsetzen (Video 20).

Video 20

Lassen Sie uns lernen, wie Sie je nach Tonart der Lieder die richtige Mundharmonika in der richtigen Tonart auswählen.

Ich denke, mit der Mundharmonika in C haben Sie alles im Griff. Sie erinnern sich wahrscheinlich daran, dass wir damit Melodien in Dur in der ersten Position spielen, also in der Tonart C; außerdem Moll- Melodien und Moll-Blues in Dm; und die Mehrzahl der Blues-, Bluegrass- und Country-Stücke stehen in der 2. Kreuzposition, was der Tonart G entspricht.

Was ist mit den anderen Harmonien und den Liedern in anderen Tonarten? In der 1. Position ist alles ziemlich klar. Wenn ein Lied beispielsweise in der Tonart A-Dur steht, muss die Mundharmonika eine A-Mundharmonika sein. Entsprechend bei allen anderen Tonarten. Wie sieht es aber mit der 2. und 3. Kreuzposition aus? Um diese Frage zu beantworten, müsste ich normalerweise große Tabellen mit den Zuordnungen der Mundharmonika-Tasten zu den Song-Tasten in den drei Positionen erstellen. Manche Hersteller drucken solche Tabellen sogar auf die Mundharmonikaboxen. Aber das werde ich nicht tun. Ich möchte Ihnen beibringen, wie Sie ohne eine Tabelle zurechtkommen, die selten oder nie zur Hand ist. Normalerweise müssen Sie „genau in dem Moment" die richtige Mundharmonika auswählen und spielen.

Das erste, was Sie tun müssen, ist, sich das Alphabet von A bis G zu merken (oder auswendig zu lernen). Im Deutschen haben wir in der Tonleiter ein H statt ein B, also sagen wir in diesem Alphabetteil „A H C". Stellen Sie sich jetzt vor, dass dieser Teil eine Schleife ist, d. h. nach dem G kommt wieder ein A und so weiter in einer Endlosschleife. **A_H_C_D_E_F_G_A_H_C_D_E_F_G_A**

Dieser Bereich der Buchstaben des Alphabets entspricht dem lateinischen Namen der Noten und dementsprechend ihren Tonartvorzeichen. Diese Bezeichnung wird seit dem ersten Jahrtausend n. Chr. verwendet!

Jetzt wollen wir herausfinden, wie man die Mundharmonika einem Lied in einer bestimmten Tonart zuordnet:

Wenn es sich um ein Bluesstück handelt, müssen Sie nur in alphabetischer Reihenfolge bis 4 zählen, und schon kennen Sie die Tonalität der Mundharmonika. Zum Beispiel: Der Blues ist in der Tonart A. Wir zählen, beginnend mit der Liedtonart: A ist 1, H ist 2, C ist 3, D ist 4! Die Tonart der richtigen Mundharmonika ist „D"!

Und so geht es mit jedem Ton in der 2. Position. Das Einzige ist, dass Sie für Blues in der Tonart F eine B-Mundharmonika (einen halben Ton tiefer als „H") benötigen. Ich will Sie nicht mit unnötiger Theorie überhäufen, warum das so ist. Ich teile Ihnen lediglich die einfachste praktische Methode mit, die ich immer verwendet habe und immer noch verwende, auch wenn ich die Frage auf kompliziertere Weise angehen könnte. Aber warum verkomplizieren, wenn es auch einfach geht? Zählen Sie bis vier und Sie sind fertig!

2. Wenn es sich um ein Lied in Moll oder ein Moll-Blues-Lied handelt, sollten Sie die Mundharmonika einen Ton tiefer als das Lied spielen, d. h. entsprechend dem vorherigen Buchstaben des Alphabets. Beispiel: Das Lied steht in der Tonart Am. In unserem Schleifenalphabet steht G vor A, daher benötigen Sie eine Mundharmonika in G. Es gibt zwei Korrekturen: Für die Tonart Fm benötigen wir die Mundharmonika E♭ (Es), und für die Tonart Cm nehmen wir B. Dies liegt daran,

dass der Abstand zwischen den Noten F und E und C und H nur einen Halbton beträgt, wir das Instrument aber einen ganzen Ton tiefer benötigen.... Dies ist jedoch nur eine Halbtonkorrektur, die die „alphabetische Regel" nicht aufhebt.

Um ein vollständiges Bild der Regeln für die Auswahl der richtigen Mundharmonikaposition zu erhalten, betrachten wir sie aus der Perspektive der Musikgenres und beginnen mit den grundlegendsten:

Folk – im globalen Ozean des Folk wird die Mundharmonika in allen drei Positionen verwendet. Historisch gesehen wird es überwiegend in der 1. (Tonika) und 3. (dorisch-Moll) verwendet. Im Volksmund hört man aber immer häufiger die 2. Kreuzposition. Viele Dinge, die früher in der 1. Position gespielt wurden, werden jetzt in der 2. Position gespielt, was der Melodie etwas Schwung verleiht. Wir sprechen hauptsächlich über amerikanische Folk-, Latino-, irische, schottische, bretonische und skandinavische Musik.

Blues. Natürlich ist die 2. Position dem Blues eigen. Aber in Moll-Blues-Stücken (von denen es im Vergleich zu Dur-Blues-Stücken viel weniger gibt) wird die Mundharmonika meist in der 3. Position gespielt. Manchmal wird der Blues auch in der 1. Position oder in der oberen Oktave, gespielt, wobei durch Overbends die notwendigen Bluesnoten „herausgequetscht" werden. Dennoch ist die 2. Kreuzposition die wichtigste. Es ist diejenige, die den charakteristischen Blues-Sound hervorgebracht hat.

Country & Western – Die 1. und 3. Position wurden ursprünglich verwendet, um diesen Stil zu spielen, genau wie beim Folk. Bei Country-Songs wurde die Mundharmonika hauptsächlich an der 1. Position gespielt. Die düstereren Moll-Western liebten die Moll-Mundharmonika in der 3. Position. Heute hat die 2. Kreuzposition die 1. Position fast vollständig verdrängt (zum großen Teil dank Charlie McCoy und der immensen Popularität des Blues in den 50er Jahren). In der nächsten Lektion werden wir über die Grundlagen des schnellen Spiels in der Country-Musik sprechen.

Rock and Roll, Rock – Fast immer 2. Kreuzposition, da diese Genres ihre Harmonie vom Blues geerbt haben.

Video 24

Die **Popmusik** ist am vielfältigsten. Sie ist abwechslungsreich und umfasst Elemente aller Genres. Die Tonart der Mundharmonika hängt von der größten Übereinstimmung des Genres des betreffenden Liedes ab. Ich würde mit der 2. Kreuzposition beginnen. In einem von zwei Fällen ist es das Richtige.

Am Ende der Lektion improvisieren wir noch einmal. Dieses Mal spielen wir im skandinavischen Stil. Das wird Spaß machen!

Schauen Sie es sich in diesem Video an: (Video 24)

Lektion 17

In dieser Lektion werden wir ein neues langes Thema namens „Schnelles Mundharmonikaspiel" beginnen (wir kratzen nur an der Oberfläche). Im Allgemeinen handelt es sich hierbei um eine separate Fertigkeit und es wäre daher ein separates Selbstlernbuch erforderlich, das sich mit dem schnellen Mundharmonikaspiel im Bluegrass- und Country-und-Western-Stil befasst. Aber in dieser Lektion erkläre ich Ihnen dennoch die Grundprinzipien des schnellen Spielens. Wir werden versuchen, einige Licks zu spielen, und diejenigen, die sich für dieses Thema interessieren, können diesen Stil weiter auf eigene Faust verfolgen. Und wer vom Blues genug hat, kann sein Spiel mit Country-Licks bereichern, was genauso toll ist.

Track 71

Das schnelle Spiel basiert auf zwei Säulen: Microslides; Rolls.
Betrachten wir beide Punkte getrennt voneinander:

1. Microslides sind eigentlich..., Microslides)). Dabei handelt es sich um ein Phänomen, bei dem wir bestimmte Töne in einer bestimmten Reihenfolge spielen und zwischen diesen Tönen zum nächsten Loch gleiten. Die Atmung verändert sich nicht. Wir rutschen einfach weiter von Loch zu Loch. Versuchen wir das (Track 71):

4↓→3↓   4↑→3↑   4↓→3↓   4↑→3↑..

Und jetzt spielen wir eine Dur-Tonleiter mit Microslides: (Track 72)

4↑→3↑ 4↓→3↓ 5↑→4↑ 5↓→4↓ 6↑→5↑ 6↓→5↓ 7↓→6↓ 7↑→6↑

7↑→6↑ 7↓→6↓ 6↓→5↓ 6↑→5↑ 5↓→4↓ 5↑→4↑ 4↓→3↓ 4↑→3↑

Ein Microslide verwandelt im Wesentlichen einen Ton in zwei aufeinanderfolgende Töne. Dadurch können Sie Ihre Spielgeschwindigkeit verdoppeln, ohne Ihre Atemfrequenz zu erhöhen.

Track 72

2. Rolls sind Licks, die wiederholt werden und sich an derselben Stelle „drehen". Es gibt einfache Rolls (3, 4 oder 5 Töne) und komplexe (bestehend aus mehreren einfachen Rolls oder einer Kombination aus einfachen Rolls und gewöhnlichen Licks).

- Lassen Sie uns die beiden Arten einfacher Rolls aufschlüsseln.

1. Kreisförmige Rolls – wenn Töne kreisförmig wiederholt werden:

5↓ 5↑ 4↓→5↓ 5↑ 4↓→5↓ 5↑ 4↓→5↓ 5↑ 4↓...   *(Track 73)*

3↓ 4↑ 4↓→3↓ 4↑ 4↓→3↓ 4↑ 4↓→3↓ 4↑ 4↓...   *(Track 74)*

4↯ 5↓ 4↓ 5↓ 4↯ 5↓ 4↓ 5↓ 4↯ 5↓ 4↓ 5↓ 4↯ 5↓ 4↓ 5↓   *(Track 77)*

Track 73

Track 74

Track 77

Track 75

2. Hin und her Rolls – wenn sich die Töne fortlaufend abwechseln und sich zuerst in eine Richtung und dann in umgekehrter Reihenfolge bewegen: (Track 75)

4↓ 4↑ 3↓ 4↑. 4↓ 4↑ 3↓ 4↑. 4↓ 4↑ 3↓ 4↑. 4↓ 4↑ 3↓ 4↑...

(Der Punkt zwischen den Licks dient nur der optischen Trennung.)

- Hier ist ein Beispiel für einen komplexen Roll: (Track 76)

1↓ 2↑ 2↓ 3↑ 3↓ 2↓ 2↑. 3↓ 2↓ 2↑. 3↓ 2↓ 2↑. 3↓ 2↓ 2↑...

Dies sind nur einige Beispiele. Rolls gibt es in Hülle und Fülle und man muss sie nicht auswendig lernen. Darüber hinaus können Sie Ihre eigenen erfinden. Versuchen Sie, ein paar einfache Rolls zu kreieren.

Track 76

Zusammenfassung: Bei der Schnellspieltechnik ergibt sich folgender Aufbau: Einfache Rolls werden spontan oder bewusst „aneinandergehängt"; In Kombination mit gewöhnlichen Licks erzeugen sie komplexe Rolls, die wiederum dank unseres neuronal-muskulären „Loopers" automatisch so oft wie nötig wiederholt werden. Letzterer sollte für das schnelle Spiel perfekt trainiert werden. Natürlich sollte man in der Lage sein, leicht zu spielen, schnell zu atmen und buchstäblich über das ganze Instrument zu wandern. Man sollte sich nicht anstrengen, um jeden Ton zu hören, und auch nicht jeden Bend „auskosten", sondern spielen, spielen, spielen und die Geschwindigkeit des Spiels genießen.

Dieser Mechanismus des schnellen Spiels wird in der Country-Musik, im Bluegrass, in der keltischen Musik und in geringerem Maße in der skandinavischen und bretonischen Musik verwendet (nicht, weil es dort keine derartigen Wiederholungen gibt, sondern weil es in den letzten beiden Musiktraditionen kaum schnelles Spiel gibt).

All das war nur eine kurze Einführung in die Mechanik dieses Spielstils. Offensichtlich reicht die Mechanik allein nicht aus. Selbst wenn Sie sich schneller bewegen als alle anderen, nützt es Ihnen nichts, wenn Sie nicht verstehen, wo und warum Sie sich bewegen. Das Verständnis der Mechanik ersetzt nicht die spirituelle Komponente von Musik und Inspiration. Erstens muss diese Musik in Ihnen nachhallen, pulsieren. Um das zu erreichen, muss man viel Musik hören und in die Country- und Bluegrass-Tradition eintauchen. Und um sie oft zu hören, muss man diese Musik aufrichtig lieben ... Alles Echte, Kreative in unserer Welt beginnt mit LIEBE! Und echte Musik (jede Art von Musik) ist keine Ausnahme von dieser einfachen Regel. Im Gegenteil, es ist die anschaulichste Bestätigung dafür. Lieben Sie das, was Sie tun und was Sie spielen! Dann werden alle Rolls gelingen, und alles andere auch, und Sie werden nicht mal viele Lehrbücher brauchen.

Lassen Sie uns nun wie gewohnt gemeinsam improvisieren und den Versuch eines schnellen Spiels unternehmen. Es wird nicht einfach sein, aber Sie müssen es versuchen. Hören Sie zu, wiederholen Sie es, versuchen Sie es noch einmal und haben Sie keine Angst. Ich helfe Ihnen dabei (Video 22).

Video 22

Lektion 18

Diese Lektion richtet sich in erster Linie an diejenigen, die Mundharmonika auf der Bühne spielen oder mit einer Musikband proben möchten. Aber auch wer das nicht vorhat, wird es interessant und nützlich finden.

Das Thema für heute ist sehr praktisch –
Spielen mit Verstärker.

Video 25

Wenn Sie auf der Bühne oder mit einer Band spielen, reichen Können und Talent allein nicht aus. Die Mundharmonika und in solchen Fällen jedes andere Instrument müssen ordnungsgemäß übertragen werden. Das alles erkläre ich anschaulich in zwei Videoclips zu dieser Lektion. Schauen Sie sich diese also zunächst genau an und gehen Sie erst dann zum Text zurück (Videos 25, 26).

Video 26

Haben Sie es sich angesehen? Großartig! Fassen wir nun kurz zusammen:
- Die Übertragung der Mundharmonika erfolgt ausschließlich über ein Instrumental- oder Gesangsmikrofon.
- Ein handelsübliches Gesangs- oder Instrumentalmikrofon kann auf einem Mikrofonständer stehen. In diesem Fall werden Ihre Hände in keiner Weise eingeschränkt. Sie können einfach genauso spielen wie ohne Mikrofon. Diese Option eignet sich jedoch nur für Solo-Auftritte oder in ruhigen Akustik-Ensembles, da Sie die Lautstärke des Mikrofons am Ständer nicht verstärken können. Es fängt den reflektierten Klang der Mundharmonika auf und gibt Rückkopplungen. Man kann ein solches Mikrofon aber auch in den Händen halten und gegen die Mundharmonika drücken. Dadurch wird die Lautstärke erhöht. Aber das Halten ist nicht sehr bequem und das zusätzliche Gewicht in Ihren Händen macht Ihre Bewegungen umständlicher.

Es gibt zwei Haupttypen von speziellen Mundharmonika-Mikrofonen:
- **1) Kabellos** – das Mikrofon wird an einem speziellen Ring am Finger der linken Hand befestigt, wiegt nahezu nichts und behindert die Bewegungen nicht.
- **2) Kugelförmig** - das sind die traditionellen Blues-Mikrofone. Sie sind schwerer als kabellose Mikrofone, haben aber im Vergleich zu herkömmlichen Mikrofonen eine sehr angenehme Form, ein schönes Äußeres, einen Lautstärkeregler und einen reduzierten Frequenzbereich, sodass sie

selten Rückkopplungen erzeugen. Wenn Sie ein Bullet-Mikrofon an einen Gitarren-Combo-Verstärker (vorzugsweise einen Röhrenverstärker) anschließen, erhalten Sie den typischen Chicago Blues-Sound.
- Eine günstige Alternative zu den klassischen „Bullet"-Mikrofonen kann ein Haushalts-Retro-Mikrofon aus Metall für Tonbandgeräte sein. Es wird keinen Lautstärkeregler haben, aber mit einem Gitarrenverstärker klingt es sehr gut.
- Lassen Sie mich ein paar Worte über alle Arten von Spezialeffektgeräten und Prozessoren sagen, bei denen Mikrofone integriert sind ... Die Mundharmonika mag sie nicht besonders. Das Einzige, was ihr gut tut, ist etwas Verstärkung und Hall, und sonst nichts. Delay- und Tremolo-Effekte funktionieren bei der Mundharmonika überhaupt nicht. Aber Sie können experimentieren. Nicht gleich zu allem „Nein" sagen. Vielleicht finden Sie etwas, das zu Ihren Zielen passt.

Was ich verwende? Ich mache keine Geheimnisse daraus.

Ich habe zwei Bullets: Hohner Blues Blaster und Shure Green Bullet. Außerdem habe ich einen Suzuki MC-100 und ein altes Mikrofon für ein Tonbandgerät von 1966 „Octave MD-44". Ich schließe sie an einen kanadischen 40-Watt-Traynor-Gitarrenröhrenverstärker an. Ich bin mit so einem Set rundum zufrieden.

Aber Sie müssen Ihren eigenen Sound suchen, und Sie werden ihn mit Sicherheit finden. Also viel Glück bei Ihrer Suche!

Fazit

Dieses Buch ist nun zu Ende. Damit sind wir auch am Ende unseres Ausfluges in die Welt der Musik und der Mundharmonika angekommen. Ich werde Sie nicht mehr an der Hand durch Musikstile, Harmonien und Licks führen. Sie gehen alleine weiter. Ich habe Ihnen alle Hintergrundinformationen gegeben, die Sie brauchen. Dieses Wissen hatte ich nicht, als ich vor fast 25 Jahren zum ersten Mal eine Mundharmonika in die Hand nahm. Und damals gab es kein Internet und keine anständigen Bücher. Aber es gab einen brennenden Wunsch, das Spielen zu lernen und die Liebe zur Musik! Der Wunsch und die Liebe reichten aus, um mir zu helfen, Mundharmonikaspieler zu werden. Mögen diese beiden Anreize auch für Sie die wichtigsten Motivatoren im Leben sein!

Suchen Sie beim Spielen der Mundharmonika nach Ihrem Sound. Finden Sie Ihre Lieblingskünstler, hören Sie ihnen beim Spielen zu und unterhalten Sie sich mit ihnen. Suchen Sie nach neuen Licks und Melodien und üben Sie sie, denn ich habe Ihnen nur das Nötigste gegeben, teilweise weil es gewisse Einschränkungen bei der Verwendung der Arbeit anderer Leute gibt. Aber sie gelten nicht für Sie als Schüler. Spielen Sie, was Sie hören und was Sie wollen.

Wir haben nicht alles angesprochen, da es nicht möglich ist, alles in einem Buch abzudecken. Beispielsweise haben wir Themen wie die folgenden nicht behandelt:

Das natürliche Moll. Es wird selten verwendet, da es beim Spielen der Mundharmonika in der Standard-Richter-Stimmung sehr unangenehm ist. Wenn Sie Ihr Instrument jedoch in der Paddy-Richter-Stimmung umbauen (oder eine bereits so gestimmte Mundharmonika kaufen), können Sie problemlos in natürlichem Moll spielen. Ihnen stehen viele westliche und irische Melodien zur Verfügung, von denen die Hälfte nur auf einer Mundharmonika in Paddy-Richter-Stimmung gespielt werden kann.

4. Kreuzstellung. Ob Sie es glauben oder nicht, früher gab es eine solche Position. Es wurde bis weit in die 50er Jahre hinein in alten Western verwendet. Selbst viele berühmte Mundharmonikaspieler und -lehrer wissen heutzutage nichts von dieser Kreuzposition. Das Wesentliche dabei war, dass die Mundharmonika in C in der F-Tonart verwendet wurde. Ja, es kann auch auf diese Weise gespielt werden, obwohl es nicht üblich und nicht ganz praktisch ist. Aber es gibt Lieder, die nur in dieser Position gespielt werden können und gut klingen.

Deutscher Folk, Doppelgriffspiel. Diese Spielweise hat längst ihre Relevanz verloren und geriet auch in Deutschland in Vergessenheit, aber ich konnte diese Spieltechnik, für die ursprünglich die Standard-Mundharmonika-Stimmung entwickelt wurde, wiederentdecken.

Mit einem Holder spielen. Dabei handelt es sich um die Fähigkeit, zwei Instrumente gleichzeitig zu spielen: Gitarre (am häufigsten) und Mundharmonika. Ein Halter ist ein spezielles Gerät, ein Clip, mit dem Sie die Mundharmonika anstelle Ihrer Hände halten können. Es wird um den Hals getragen und fixiert die Mundharmonika direkt vor Ihrem Mund, sodass Sie Ihre Hände frei haben, um ein anderes Musikinstrument zu spielen: Gitarre, Klavier, sogar Schlagzeug (optional). Ich persönlich spiele bei der Hälfte meiner Auftritte Gitarre und nutze einen Mundharmonikahalter, wie Sie bereits in den Lehrvideos zu diesem Buch gesehen haben.

Wir haben diese Themen bewusst weggelassen, damit Sie nicht verwirrt werden und die Grundlagen der drei Grundpositionen gut verstehen. Üben Sie daher zunächst gründlich, was Sie bereits gelernt haben, und probieren Sie dann selbst etwas Neues aus. Aber wer weiß, vielleicht denke ich darüber nach, eine Fortsetzung zu schreiben ... Ihre positiven Rezensionen werden mich auf jeden Fall dazu ermutigen ☺.

Tipp zu den Tonarten der Mundharmonika: Wenn Sie vorhaben, weiterhin ernsthaft Mundharmonika zu üben, müssen Sie sich Mundharmonikas in allen Tonarten anschaffen, in ALLEN 12! Aber jetzt können Sie einfach mit den grundlegenden „drei" Instrumenten beginnen – C, D und A. Sie haben bereits das erste. Wenn Sie sich zwei weitere besorgen, können Sie mindestens 35 Prozent aller Melodien und Bluesstücke abdecken!

Wo und mit wem spielen: Spielen Sie zu Hause mit Begleitung, zu Aufnahmen Ihrer Lieblingskünstler, mit Freunden oder sogar alleine, mithilfe einer Halterung (natürlich nur, wenn Sie Gitarre spielen).

LS Track

Ich empfehle auch den Besuch von „Blues Jams". Gehen Sie zunächst einfach hin, schauen Sie anderen beim Spielen zu und hören Sie ihnen zu, und schließen Sie sich dann auch den „Jammenden" an. Denn „die beste Übung ist der Auftritt." (Für diejenigen, die es nicht wissen: Ein Blues-Jam ist eine musikalische Veranstaltung, bei der Musiker unterschiedlichen Niveaus zusammenkommen und gemeinsam improvisieren. Diese Abende finden am häufigsten in Musikclubs in fast allen Städten statt, in denen es auch Clubs gibt.)

F Track

Zum Schluss möchte ich Ihnen noch ein paar meiner Werke vorstellen, die Sie begleiten können:

Last Sunny Day. Es handelt sich um einen lyrischen Pop-Bluegrass-Song in der Tonart G, daher sollte er in der 2. Kreuzposition gespielt werden und sich eher an der Dur-Pentatonik orientieren. Folgen Sie dem Link und spielen Sie ihn mit mir gemeinsam (Last Sunny Day Track).

Fastmover. Dies ist ein instrumentales Blues-Funk- Stück in A, daher benötigen Sie hierfür eine D-Mundharmonika. Im zweiten Teil des Stücks gibt es zwei Modulationen: zunächst einen Schritt und dann einen weiteren Halbtonschritt nach oben. Sie benötigen also zwei weitere Mundharmonikas, nämlich E und F. Wenn Sie keine haben, können Sie sich auch einfach zurücklehnen und zuhören und ein Gefühl für den Spielstil und den Klang bekommen (Fastmover Track).

Viel Glück, mein Freund! Es hat mir so viel Spaß gemacht, dieses Buch zu erstellen und mein Wissen mit Ihnen zu teilen. Ich hoffe, Sie hatten ebenfalls Spaß. Nun begeben Sie sich auf Ihre eigene musikalische Reise. Ich wünsche Ihnen also günstigen Wind, genügend Platz unter dem Kiel und... wir sehen uns wieder! ☺

Alle Videos (Wiedergabeliste)

Alle Videos befinden sich auch in der gleichen Wiedergabeliste auf YouTube (Das Video ist auf Englisch, aber in den Kommentaren gibt es Text aus dem Video auf Deutsch):

oder benutzen Sie den Link:

`cutt.ly/Vw9sw158`

Alle Audios + Videos (Download-Dateien)

Alle Audios und Videos sind auch auf Google Drive verfügbar:

oder benutzen Sie den Link:

`cutt.ly/Dw9swX5I`

Wichtig! Stellen Sie sicher, dass Sie alle Dateien von Google Drive auf Ihren Computer herunterladen. Wir hatten einmal eine Störung in unserem System und unsere Dateien waren vorübergehend nicht online verfügbar. Am besten laden Sie sie alle auf einmal herunter, damit Sie jederzeit offline darauf zugreifen können.

Hilfe: albinaopen@gmail.com

1. Bob Dylan. Manche mögen sagen, dass Dylan vielleicht nicht ihr bevorzugter Mundharmonikaspieler ist. Dann würde ich fragen: Wer spielt denn besser Folk-Mundharmonika als er, und zwar während er nebenbei Gitarre spielt? Soweit ich weiß, gehört er nicht zu den besten und berühmtesten Spielern unserer Zeit. Aber der Klang seiner Mundharmonika ist wirklich originell, warm, entspannt und zugleich aufrichtig. Er war nicht immer bestrebt, die richtigen Töne zu treffen (ich vermute, dass er selten, wenn überhaupt, die richtigen Töne traf), aber der warme, Country-durchdrungene und selbstbewusste Klang seiner Mundharmonika ist auf der ganzen Welt bekannt. Wenn man Angst hat, zu improvisieren, weil man befürchtet, nicht die richtigen Töne zu treffen, sollte man sich Bob Dylan anhören. Hören Sie sich Dylan genau an (insbesondere seine ersten beiden Folk-Alben). Er hat überhaupt keine Angst. Das „Es kam genau so, wie es kommen sollte"-Prinzip ist eines der Grundprinzipien der Improvisation und Bob Dylan beherrscht es perfekt.

2. Billy Branch ist zweifellos der beste Blues-Mundharmonikaspieler Amerikas. Ich glaube nicht, dass man mehr über ihn sagen muss. Er ist der Beste und immer noch erfolgreich. Hören Sie sich einfach seine Aufnahmen an. Ich würde empfehlen, mit Double Take zu beginnen. Dies ist ein großartiges Duettalbum von ihm mit dem Gitarristen Kenny Neil. Es zeigt Billys Mundharmonika in ihrer ganzen Pracht.

3. Sonny Terry. Sein charakteristischer unruhiger, etwas nervöser Sound wurde zum Standard für den Delta Blues. Die meisten seiner Lieder und Melodien nahm er mit dem ebenso legendären Gitarristen Brownie McGee auf. Sie spielen seit den 1940er Jahren zusammen und man kann sich die beiden gar nicht mehr getrennt voneinander vorstellen. Hören Sie sich ihr Duett an und erleben Sie ein echtes ästhetisches Vergnügen.

4. Carey Bell. Ein herausragender Bluesmann aus Chicago mit einer guten Spieltechnik und einigen typischen Sound-„Tricks". Er macht seit den 80er Jahren Aufnahmen zusammen mit seinem Sohn Lurrie Bell an der Gitarre. Alle Aufnahmen sind es wert, gehört zu werden, insbesondere ihr 2008 veröffentlichtes Akustikalbum.

5. Charlie McCoy - Berühmter Country-Mundharmonikagitarrist. Der Mann, der im Grunde den modernen Cross-Harp-Country-Mundharmonika-

Sound geschaffen hat. Meister der Country- und Bluegrass-Improvisation. Nachdem Charlie das Fiddle-Bluegrass-Stück Orange Blossom Special auf der Mundharmonika arrangiert hatte, mussten auch die letzten Skeptiker zugeben, dass die Mundharmonika ein vollwertiges und ernstzunehmendes Musikinstrument ist.

Das ist natürlich bei weitem nicht die ganze Liste! Ich habe Junior Wells, Sonny Boy Williamson, Buddy Green, James Cotton und viele, viele andere nicht erwähnt. Um sie abzudecken, müsste ich ein separates Buch schreiben. Merken Sie sich daher auch die Namen von Mundharmonikaspielern, die Sie nicht kennen. Am Ende hat jeder von ihnen eine besondere Note in seinem Spiel. Je mehr Interpreten Sie hören, desto reicher wird Ihr musikalischer Wortschatz.

Viel Glück beim Entdecken Ihres eigenen Sounds!

ISBN: 979-8432526090
ASIN: B09VH6Q1H7

Und es ist toll für Erwachsene

Es ist ganz einfach, seine Lieblingslieder auf dem Klavier spielen zu lernen!

Das Klavier ist heute das wohl beliebteste Musikinstrument der Welt. Dieses Instrument zu spielen, wird ein unvergessliches Erlebnis für dich sein.

Das Buch enthält Musiktheorie, praktische Übungen und 60 beliebte Lieder für Kinder und Jugendliche.

Die Autorin des Buches, Avgusta Udartseva, ist eine enge Freundin von mir und so kann ich dir ihr Buch zum Klavier lernen nur wärmstens empfehlen!

Deutschland

ISBN: 979-8392278572
ASIN: B0C2RPJ6C3

Und es ist toll für Erwachsene

Die Sopranblockflöte ist ein sehr beliebtes Musikinstrument bei Kindern im Alter von 8-14 Jahren und wird oft sogar in Schulen unterrichtet.

Sie ist das einfachste Blasinstrument für Anfänger. Du hörst ungewöhnliche und faszinierende Klänge, die du selbst erzeugst! Es kann zu einer großartigen Erfahrung werden: Man bedenke, dass man dieses Instrument in nur ein paar Unterrichtsstunden lernen kann!

Das Buch enthält auch grundlegende Musiktheorie, praktische Übungen und 60 Lieder. Avgusta hat zusätzlich Videos aufgenommen, die du dir online ansehen kannst, um das Blockflötenspiel leicht zu erlernen.

Deutschland

Eine vollständige Anleitung für Anfänger. Für Kinder ab 12 Jahren und Erwachsene.

Diese Schritt-für-Schritt-Anleitung ist für jeden geeignet, der sein Instrument beherrschen und seine Lieblingssongs mühelos spielen lernen möchte. Das Buch ist auch für diejenigen, die lernen wollen, zu swingen, den Blues zu spielen und um das Improvisieren zu erlernen.

Das Buch ist in erster Linie für Altsaxophon gedacht, eignet sich aber auch für Tenor- und Sopransaxophon.

ISBN: 978-1-962612-12-8
ASIN: 1962612120

Deutschland

Einfaches Gitarre lernen für Anfänger jeden Alters, Schritt für Schritt, mit Audio und Video.

Alles, was Sie brauchen, um sofort mit dem Gitarre lernen zu beginnen, plus detaillierte Fotos, Videos und jede Menge beliebter Songs. Das Buch richtet sich an alle, die Gitarre spielen lernen möchten.

Das beste Anfängerbuch zum Erlernen des Gitarrenspiels für Kinder, Jugendliche und Erwachsene jeden Alters!

ISBN: 978-1-962612-03-6
ASIN: 1962612031

Deutschland

www.ingramcontent.com/pod-product-compliance
Lightning Source LLC
Chambersburg PA
CBHW080942040426
42444CB00015B/3415